高校バスケットボール

強豪校の育成メソッド

選手の可能性を引き出す練習法と指導術

流通経済大学准教授
著 小谷 究

イースト・プレス

はじめに

コーチには明確な価値観やコーチング哲学を持つことが求められます。そうすることにより、核のある芯の通ったコーチングを展開することができます。一方、哲学を持っていなかったり、不明確であったりすると、場当たり的なコーチングになりがちです。状況に応じた柔軟な対応も求められますが、それは明確なコーチング哲学に基づいたものでなくてはなりません。その場、その場で言うことが違うと、プレーヤー達は不信感を抱いてしまいます。また、明確なコーチング哲学を持つことにより、取るべき行動が明確になります。迷ったときに、自身の哲学に立ち返ることによりコーチにとって重要なコーチング哲学ですが、これは作り上げるものではないといわれます。コーチング哲学は、そもそもコーチ自身のなかに備わっているものであり、明確な哲学を持つ作業というのは、無自覚の状態で自身のなかにある哲学を探し出す作業ともいえるのです。

そのため、恩師や著名なコーチ、映画などで描かれているコーチが持つコーチング哲学を真似たところで、自身が哲学を持ったことにはなりません。他者のコーチング哲学を真似ても自身のものではないため、結局、無理が生じ、破綻してしまうことでしょう。自分自身のなかにあるコーチング哲学を探し出す作業なしに、明確な哲学を持つことはできません。しかし、コーチ一人で自身のなかにあるコーチング哲学を探し出すことはなかなか難しいでしょう。なぜなら、無自覚の状態で自身のなかに備わっており、自身にとっては当たり前に存在するもののため、コーチ一人では捉えにくいのです。そこで重要になるのが、他者の存在です。自身とは異なる他者と関わることにより、その違いからこれまで当たり前で捉えられなかった自身のコーチング哲学の輪郭が徐々に浮かび上がってくることでしょう。こうした意味において、他者のコーチング哲学を真似るのではなく、学ぶことがコーチの成長において重要な要素となります。

本書では、高校バスケットボールにおいて全国制覇をしただけでなく、優秀な選手を輩出し続けるコーチにインタビューし、コーチング哲学やそれに基づいた思考法やエピソード、練習方法などについてまとめました。全国制覇を果たしていなくても素晴らしいコーチはたくさんいます。しかし、全国制覇を果たしたコーチは、全国制覇をするだけの要素を備えているのです。もちろん、コーチ一人の力で全国制覇を成し遂げたとはいいませんが、全国からプレーヤーが集まってくるのには理由があります。いろいろな人がそのコーチを支持したくなるのには理由があります。その理由を辿っていくと、そこにはやはりコーチング哲学があるのです。インタビューに答えていただいたコーチは、口を揃えて100人のコーチがいれば、100通りのコーチングがあるとおっしゃっていました。言い換えると、100人のコーチがいれば、100通りのコーチング哲学があるといえます。つまり、読者の皆さんも独自のコーチング哲学を自身のなかに備えているのです。読者の皆さんが本書を読み進めながらコーチ達のコーチング哲学と自身のものとを比較し、少しでも自身のなかにある独自のコーチング哲学を捉えることができれば筆者として幸甚の至りです。

流通経済大学准教授　小谷 究

CONTENTS

高校バスケットボール **強豪校の育成メソッド**

PART 3 井手口 孝 福岡第一高等学校

CONTENTS

CONTENTS

本書の内容は2024年12月現在のものであり、先生方の取材に基づくものです。

PART 1

井上眞一

桜花学園高等学校

学生時代はバスケットボールプレーヤーとして過ごし、卒業後は一般企業への就職を経て名古屋市の中学校教員となる。当初は男子バスケットボールの指導をしていたが、後に守山中学校へ異動。同校の女子バスケットボール部を指導するようになり、全中8連覇のうち6連覇まで導いた。その後名古屋短期大学付属高校（現・桜花学園高校）の監督として就任。1年目でインターハイ初優勝を成し遂げ、以来インターハイ25回、ウインターカップ24回、国体22回の計71回の優勝を決めている（2024年10月現在）。2023年に日本バスケットボール殿堂に掲額される。

Shinichi Inoue

Shinichi Inoue

01

バスケットボール嫌いにさせてはいけない
―指導者としての軸―

バスケットボールが好きな子はみんな好きである

うちの学校に来る選手たちは、バスケットボールが好きで、勝ちたくて来るわけです。その選手たちに対して私が大切にしていることは、「とにかくバスケットボールを嫌いにさせない」ことです。そして選手たちのバスケットボールは高校生で完結するわけではありません。「大学でもバスケットボールを続けたい」「Wリーグに入りたい」「全日本で活躍したい」など、それぞれがバスケットボールを通じた将来の夢や目標を持っています。高校時代も本気で日本一を目指すためにバスケットボールをしていますが、そこで「バスケットボールが嫌い」と思わせてしまうような指導者ではいけないと思っています。

私の大学生時代、期待して入部したバスケットボール部でいわゆるシゴキにあいました。僕はこうした体育会系にありがちな上下関係が嫌いでしたので、すぐに退部しました。それでもバスケットボールがしたかったので、同好会を作ってプレーを楽しんでいました。週に1、2回の練習でしたが、本当に楽しくプレーした思い出があります。こうした経験も影響しているのでしょうか。桜花のチームは上下関係やシゴキをしないという方向性です。

私自身の指導を振り返ると、今では御法度なやり方をしていた時代もあります。それが現在のように変わってきたのは、一生懸命に上手くなろうと努力している選手たちの姿を見続けてきたからでしょうね。努力を続ける選手たちを見ていると、本当にかわいく思います。桜花に来る前の15年間、中学生たちを見ていたことも影響しているでしょう。今の子たちはミニバスからプレーしている場合が多く、「バスケットボールが好き」「もっと強くなりたい」「上手くなりたい」と思って中学校で入部します。その子たちがさらにその先の高校で、より強い気持ちで練習に打ち込んでいる。そうした姿を毎日見ていると、やはりかわいくなります。体育館に入れば選手たちが厳しいと感じる指導もあるでしょうが、体育館を一歩出たら監督と選手というよりも、一緒に寮で暮らす間柄に自然となります。僕も選手もタメ口で話すこともありますから。選手たちの接し方を見ていると、彼女たちもそのことをよく理解してくれていると感じます。

この考えは桜花の選手だからではなく、バスケットボールが好きな子はみんな好きです。他チームの選手であっても、海外の選手であっても、自然と同じような気持ちで接しています。

コーチングに必要な3つの好き
—指導に携わるものとしての考え方—

技術で重視することはシュート力とディフェンス

人間が人間を教えるコーチングでは、「教えていることそのものが好き」「教える行為が好き」「教える相手が好き」という3つの好きがなければ上手くいかないと思っています。この3つの好きがあれば、例え経験が少ない指導者であっても、時間はかかるかもしれませんが、粘り強い指導ができると考えています。その私がプレーで大切にしていることは、シュート力とディフェンスです。

シュートはフォームが最も大切だと思っています。もちろん、入部してすぐによいシュートフォームが身についている選手は、まずいません。入部してから夏までの数か月を目安にシュートフォームを安定させてあげないと、シュートが入らずプレーも伸びていきません。

シュートフォームのポイントになることは、ボールとリングの両方を視界に捉えていることです。ほとんどの選手がリングを見るでしょう。ところがボールが視界に入っていない、つまり胸の前でセットしてしまう選手が意外に多いのです。両手で打つ場合にはボールが口の前辺りにくることが目安で、ワンハンドの場合は額の前が目安になります。言い方を変えると、両手の場合はボールの上側が視界に、片手の場合はボールの下側が視界に入るようにセットします。このボールをセットする位置でシュートの成功率が変わってきます。そのため、どのようなシチュエーションでも、リングが見える位置にボールを構えることを強調しています。

こうした考えになったきっかけは、中学生を見始めたときにあります。当時はドライブで点を取るチームが多く、スリーポイントはまずなかったのです。しかも床を見ながら低い姿勢でドライブをする選手がほとんどでした。つまり周りが見えていないのです。そこで僕はフリースローラインからジャンプショットを打たせるようにしました。それもほとんどがワンハンドのシュートです。こうした経験からいろいろとブラッシュアップし、先ほどのフォームのコツを大事にするようになりました。とはいえ、当時からポイントはあまり変わっていませんが。

もちろん中学生がワンハンドで打てるようになるには時間がかかります。腕ではなく下半身で打つことが大切ですから、脚力の強化があってはじめて打てるようになります。そのため、トレーニング器具やチューブを使ってのフィジカル強化を行うようにしています。

なおもう一つ大切にしている「ディフェンス」については、次のページで述べたいと思います。

人から教えを受けることで自分も成長できる
―指導者としての成長―

ディフェンスの要点と学び続けることの大切さ

ディフェンスでポイントになることは、重心を下げることです。中学ではそこまでディフェンスができなくても勝てましたが、高校に入ると相当ディフェンスを鍛えなければ勝つことはできません。桜花では入部直後からしばらくは、かなりディフェンスを強調した練習をします。その理由はある程度個々の能力やセンスによるところがあるオフェンスに対して、ディフェンスは反復練習をやればやっただけ成果が出るからです。さらにディフェンスにはシステム（守るためのチームのルール）がありま す。こうしたことも徹底する必要があるため、繰り返し練習するのです。

私のディフェンスへの考え方を語るうえで外せないのは、ドウェイン・ケーシー氏（※）との出会いです。彼は当時、積水化学リベルテ（バスケットボール日本リーグに参加していた女子バスケットボールチーム）のヘッドコーチとして来日していました。そこで彼のもとを訪ねて指導を受けたのです。彼のディフェンスには衝撃を受けました。例えば、「ドライブに対してはすべてスライドで守れ」と。ドウェインの前では選手たちにスライドをさせましたが、学校に戻ると「クロスでいいよ」と伝えたことを覚えています。選手たちにスライドで守ることは無理だったのです。「ディナイをする」「スクリーンをファイトオーバーで守る」など、彼に刺激を受けてハードなディフェンスをするようになりましたし、何よりもそれまで試行錯誤していた私のディフェンス技術や理論が整理されたのです。その後も彼の指揮していたケンタッキー大学に1か月ほど滞在し、彼のディフェンス論を吸収してチームに持ち帰りました。

ドウェインと出会う前には韓国を訪れ、韓国代表を率いたことのあるチョン・ジュヒョン氏から、バスケットボールの細かな理論を教わりました。当時の韓国チームは強かったですから、なにかしら得るものがあると考えたからです。女子選手はワンハンドとボースハンドの中間のようなボールの持ち方をしていましたし、シュートの決定率も高いものがありました。チョン氏とは、午前中はいろいろなクリニックを、午後は様々なゲームを行うといった付き合いが10年続きました。チョン氏は一般的な韓国らしいフィジカルを重視したバスケットボールではなく、いわゆるバスケットボールの基本であるファンダメンタルなどを教わりました。英語が堪能なチョン氏はアメリカとのつながりも深く、著名なトップコーチであるピート・ニューエル氏とも親交があったことが彼の理論のベースにあったのだと思います。

それからもう1人、ケン・シールズ氏も影響を受けたコーチです。彼は2004年に男子オーストラリア代表チームのアシスタントコーチを務めたり、NBAのチームにゲストコーチとして招かれたりするほどでした。彼からは、コンビネーションプレーや、ファストブレイクについて詳しく教えてもらったのです。また、私がU18カテゴリーの日本代表監督を任命された際には彼に声をかけ、ブラジルで行われた世界選手権にアドバイザーとして参加してもらいました。

それ以降も白鴎大学の佐藤氏や女子日本代表監督をしていた恩塚氏など、様々な指導者にクリニックをしてもらったり、彼らの話を聞いたりして自分の学びを深めています。毎年変わる選手たちに的確な指導をするうえでも、私自身のバスケットボールへの理解度を深めるためにも、学び続けるのは当たり前のことですし、この姿勢はこれからも続くでしょう。

この本を読んでいる方のなかには、経験の浅い指導者がいるかもしれません。その方たちが私の指導に興味を持ってくれるようであれば、ぜひ連絡をしてもらいたいと思っています。誰にでも駆け出し時代があり、もちろん私にもありました。中学生の指導をしていた当時の私は、全国大会でベスト8に入った学校に試合をさせてもらいたいと手紙を書いたことがあります。面識はありませんでしたが、先方の先生は快く受けてくださり、地域の強豪校も集めて練習試合をさせてくれたのです。自分がこのようにしていただいたことが、これからの指導者の方々の役に立つのであれば、喜んでいろいろなことを伝

えたいと考えています。そこにカテゴリーは関係ありません。ミニバスであっても、中学校であっても、ぜひ興味がある方は、これを機につながることができればと思います。それに私だけでなく、興味を持った指導者には積極的にコンタクトをしてもらいたいですね。

※ **ドウェイン・ケーシー**

ケンタッキー大学卒業後、同大学でコーチとしてのキャリアをスタートさせる。その後、日本でコーチングを経験し、NBAでヘッドコーチまで務める。2018年にはNBAオールスターゲームのヘッドコーチに選ばれ、同年ラプターズのヘッドコーチとして300勝を記録した。2023年ヘッドコーチを離れ、ピストンズのフロントオフィスに入った。

選手たちの夢のお手伝い

―選手たちの未来を考える―

できるだけ願う道につなげてあげたい

先に述べましたが、桜花にくる選手たちは本気でバスケットボールに向かい合います。彼女たちのなかには高校時代にベンチに入れない選手もいますが、その先のバスケットボール人生の夢や目標に対して、私ができることはやってあげたいと考えています。例えば希望する大学があればその大学へ、すぐにWリーグに行きたい選手はチームへ、本人の希望を最優先にしています。

桜花時代にレギュラーにはなれなくても、ここで練習したことが次のカテゴリーで実を結んでいく。私がそうした想いで一緒に過ごすことはもちろんですし、選手もそして親御さんたちも、桜花を出た選手たちの活躍を知っています。そして自分や自分の娘がそのような道に進めるという志や希望を持ってやってきます。そうした関わりも指導者として当然の役割なのです。

順番は逆になりますが、桜花に来てくれる選手のスカウティングについても述べておきます。選手に対して求めていることは、サイズとスピード、バネです。サイズは変えようがないところがあるのですが、スピードとバネについては、選手を見ればある程度「この子は伸びるな」とわかるものです。それから、「この子のシュートフォームを作れば入るようになるか」ということも、判断の基準になります。以前に男子中学生を指導していましたので、なんとなくの男女の違いを感じます。男子には天性の才能のような身体能力がありますが、女子には鍛えれば必ず結果につながるという特性があります。これまでにもたくさんの女子選手の成長を目の当たりにしてきましたので、そうしたことも踏まえて選手のスカウティングを行っています。

こうして桜花に来てくれた選手たちとの思い出をよく聞かれるのですが、よく話すのはアイスクリームのことです。例えば選手の誰かが誕生日だと、アイスクリームをおねだりされるのです。誕生日を迎える1人の選手だけであれば懐は痛みませんが、誰かの誕生日ごとに全選手に買わなければなりません。卒業生たちも桜花の思い出としてメディアなどでよく話しているようですが、選手たちが喜ぶのであればと、続けるようになってしまっています。

キーとなるポジションと選手を決める
―チーム作りの基本①―

キーを決めてから組織力を高める

チームがきちんと機能するためには、一人ひとりの役割をはっきりさせることが重要です。一方で選手たちは毎年変わるわけで、こうすれば勝てるという方程式のようなものはなく、私が求めるバスケットボールの基準プラス選手たちの特徴を毎年考え、よりベストな方法を選びます。

チーム作りの基本としては、まずはよいポイントガードを育てる必要があります。「よい」とは、スピードがあって目がよく、シュート力があってドライブで切っていくこともできる選手です。「目がよい」については少し補足をしておきます。これは例えば自分から見て右側が2対2、左側が3対3の状況で、どちらが相手のウィークサイドで、どちらを攻めればよいのかを自然に判断できることです。逆に「目がよくない」選手は、無理な状況でスリーポイントを打ったり、ディフェンスが数人いるところにドライブをしたりしてしまうことで、「判断が悪い」とも言えます。こうした能力を伸ばすためには、習慣でピックやハンドオフといった形だけのプレーをするのではなく、状況に応じた判断を伴ったプレーをすることが大切だと考えています。

ポイントガードと並んで重視するポジションは、ポストマンとシューティングガードになります。卒業生の渡嘉敷来夢や髙田真希など、サイズがある選手がポストマンでいればよいのですが、そのような選手がいる年ばかりではありません。そのような場合には身体が強い選手にポストプレーを教え込みます。バスケットボールはよい選手がたくさんいれば勝てる競技ではありません。戦うシステムや組織的な練習が大切であり、日々の練習で積み重ねていく必要があります。主となるポジション、キーとなる選手を決め、組織的なチームを作るようにします。

現在のナショナルチームはスリーポイントシュートを重視しますし、それで世界と戦えているため、トレンドのようなところがあります。そのため中高生のチームでも確率の低いスリーポイントシュートを多用するチームを目にすることがあります。ファストブレイクであれば確実性の高いショットを打つとか、セットオフェンスのときはより成功率の高い選択をする、ペイントを攻められるときは攻め入るなど、もう少し考えたバスケットボールをしてもらいたいと思います。

桜花では、スポットシューティングで8割入れば試合で打ってもいいと言っています。このような選手でも試合であれば決定率は4割程度ですし、練習で8割入る選手は1学年に1人か2人です。

Shinichi Inoue

06

キャプテン・レギュラー・マネージャー

―チーム作りの基本②―

チームの中心となる役割の決め方

チームの軸となる役割の一つがキャプテンですが、文句なしの選手がいれば私からお願いしますし、そうでなければ選手たちで話し合って決めるようにしています。もちろん選手たちの決めたキャプテンに私が異を唱えることは、基本的にはありません。キャプテンが精神的な支柱になることはもちろん理解できますが、私はそれ以上にチームのエースでいてもらいたいと考えています。やはりエースがキャプテンになると、他の選手たちみんながついていくからです。ですから「キャプテンになりたい」と考えている選手がいるように思いますし、エースになってもらいたいという期待に選手が応えてくれることもあります。

続いてレギュラーについてです。普段の練習から実力の順がつくので、その順にレギュラーが決まります。一定期間で順位の入れ替えがありますが、その際にはオフェンスにしろディフェンスにしろ、ゲーム中のチームへの貢献度が判断基準になります。オフェンスの貢献度とは一番は得点力ですし、「ここでどうしても1本欲しい」という勝負所で決めてくれる得点の取り方もあります。カッティングにしても、よいタイミングでペイントへの侵入などは着目します。そして、実力があれば学年に関係なく使います。選手たちは誰もがユニフォームを着てベンチに入りたいと思っています。けれども想いが実現できない場合があります。それでも努力を続けてきた子に対しては、優先して望んだ進路先に進めるように、尽力します。

マネージャーについては、本人が自主的にやりたいと言ってきます。中学生まではプレーヤーとしてやってきた子が多いのですが、練習や試合を通じて思うところがあるのでしょう。マネージャーに求める資質は、やはり面倒見がよいことです。動画を撮ったり、スコアをつけたり、テーピングを巻いたりと、裏で様々なことをやってもらうため、面倒見のよさは大切です。今の寮母をしてくれている加藤もマネージャー上がりで、大学でもWリーグでもマネージャーをやっていました。その彼女に「帰ってこい」と言って寮母をやってもらっています。私が大切にしていることは、マネージャーにも選手と同じように接することです。裏方仕事が多いですが、チームに必要不可欠ですし、彼女たちがいるからチームが練習や試合に集中できます。そうした想いを大切にしています。

桜花
練習ドリル

01

ウィングディナイ

高校バスケットボール界では長身かつ体格のよい留学生選手たちも活躍しています。一方で、桜花学園には、長身の留学生はいませんので、練習では常にビッグマンへの対策を講じています。ゴール付近でビッグマンがボールを保持するプレーの一つに、ローポストでのポストアップがあります。ポストプレーやボールが入る前のディフェンスにも取り組んでいますが、さらに一つ前の相手チームのアクションへの対応にも取り組んでいます。

ローポストのビッグマンへは、ウィングからパスが出ることが多くあります。通常であれば、ディフェンスはマッチアップするオフェンスとゴールの間に立ちます。例えばボールマンがトップの場合はビッグマンとゴールの間に立ちつつ、ビッグマンへのパスコースに腕を伸ばして遮ることができます。ところが、ウィングよりベースライン側にボールマンがいる場合には、パスコースの遮断が難しくなります。パスコースを遮るためには、ビッグマンとゴールの間から離れるリスクを抱えつつ、パスコースを遮るしかありません。つまりオフェンスにすると、トップよりもウィングのほうがパスカットのリスクが低くなります。そこで、まずはウィングに位置するオフボールマンをディナイし、ウィングにパスを出させないようにします。ウィングにパスが出たとしても、可能な限りトップ寄りやサイドライン、センターラインなどリングからより離れた場所でボールを保持させることで、ローポストでポストアップするビッグマンまでの距離を長くし、ビッグマンへのパスを難しくさせます。

Step 1

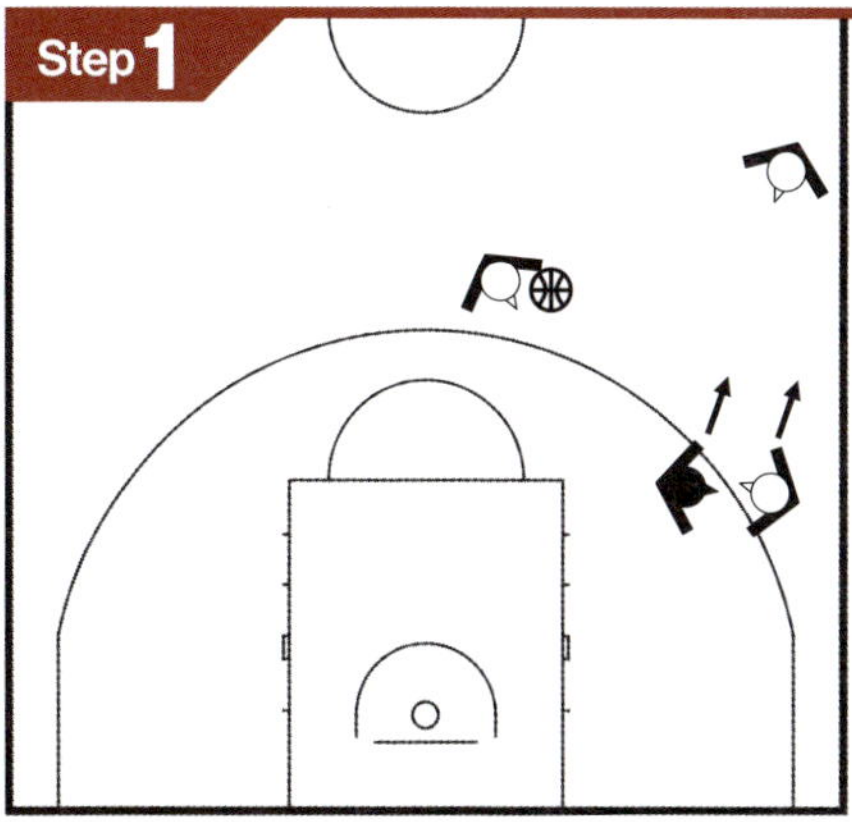

ボールマンがトップ、オフボールマンがウィングに、オフボールマンのディフェンスがディナイをします。同じほうの手と脚をパスコースに入れ、手のひらをボールマンに向けます。逆のほうの手はグーを作ってオフェンスの腰を押し、逆脚はオフェンスのインラインに置きます。コフィンコーナー付近に1人を配置して、ディフェンスがパスカットしたボールを拾います。オフボールマンは動いてパスを受けようとし、ディフェンスはディナイでそれを阻止、またはパスカット、もしくはトップ寄りやサイドライン、センタータイン側でボール保持させるように努めます。

Step 2

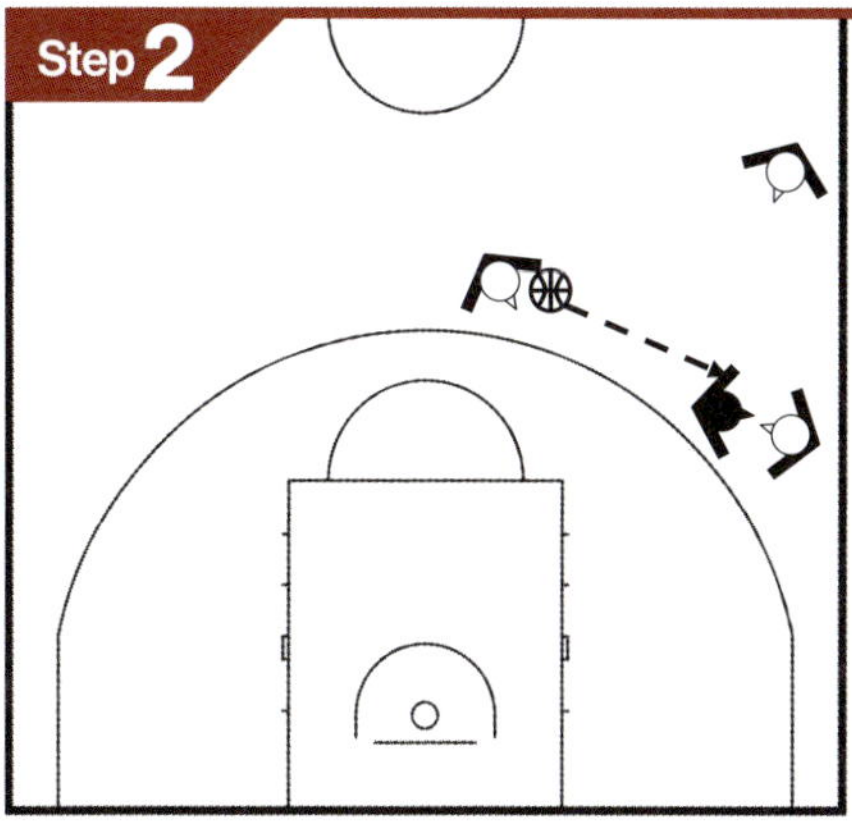

パスコースが確保された場合、ボールマンはパスを出します。ディフェンスは、パスカットができるようであればパスカットします。

Step 3

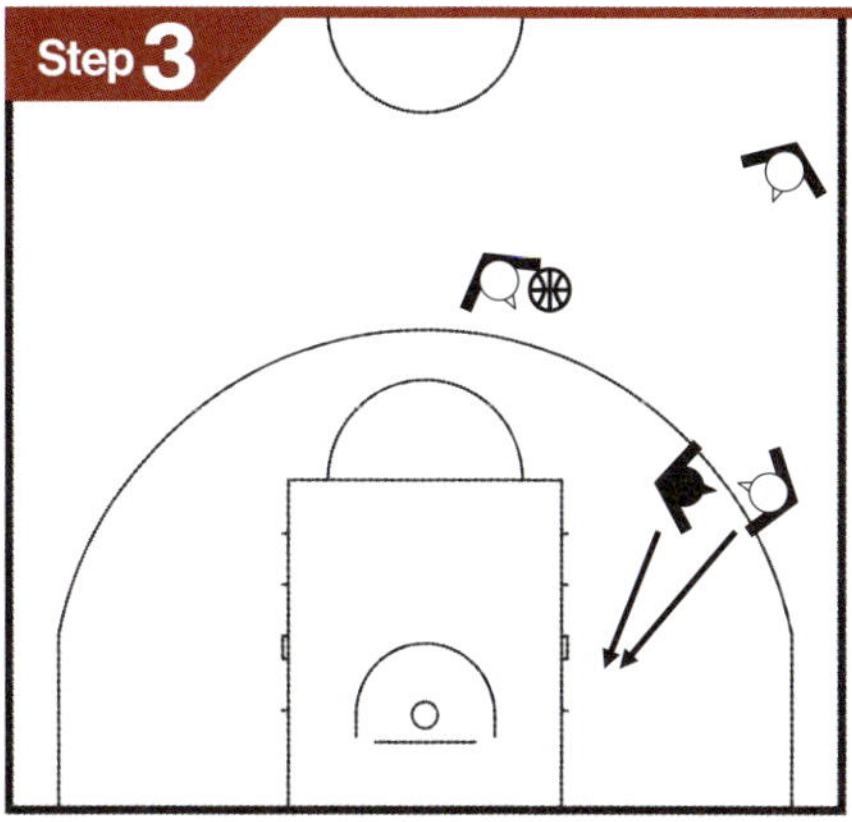

オフボールマンがゴールから遠ざかる場合、ディフェンスはオフボールマンとコンタクトをしません。しかし、オフボールマンがブラインドカットする際には、オフェンスをエンドラインに押し出し、ペイントに達する前にコンタクトします。常にボールを見ることが重要で、ボールを見ながらオフェンスを押し出します。ゴールに近づくほどショット成功率が高くなるため、ブラインドカットする際にはコンタクトして悪い体勢でボールを持たせるようにします。パッサーが5回パスを出したら、最後にオフボールマンがブラインドカットをし、これに対してオフボールマンがコンタクトして終えます。

桜花
練習ドリル
02
クローズアウト

多くのチームがオフェンスでクローズアウトを作り出し、ショットやカウンターのドライブを狙います。バスケットボールではオフェンスが圧倒的に有利なため、クローズアウトをまったく作らせないことは困難です。勝つためには、クローズアウトのシチュエーションをいかに守り切るかも重要な要素になります。

桜花学園では、キャッチショットの阻止を最優先します。ボールマンに向かってスプリントし、カウンターに対応できるようボールマンの手前でハーキーステップを踏みます。一方の手を挙げ、その手がワンアームの間合い（腕を伸ばせばボールに触れる間合い）まで詰めます。もう一方の手は身体の横に広げ、ボールマンにパスコースを見せないようにします。続いて、ドライブを阻止します。ディフェンスはオフェンスのアクションに反応してステップを踏むため、コースの先回りは極めて困難です。ディフェンスの有利性を保つために、オフェンスのドライブモーションと同時にゴール方向へ50cm下がります。そのうえでドライブコースを見極め、左右どちらかへのステップを踏みます。さらにボールマンがドリブルをしている間は、手の甲でボールマンの膝の内側を触れるようにします。こうすることで低い姿勢を保ち、同時にワンアームの間合いを保ち続けることができます。これはドリブルチェンジを防ぐ役割もあります。

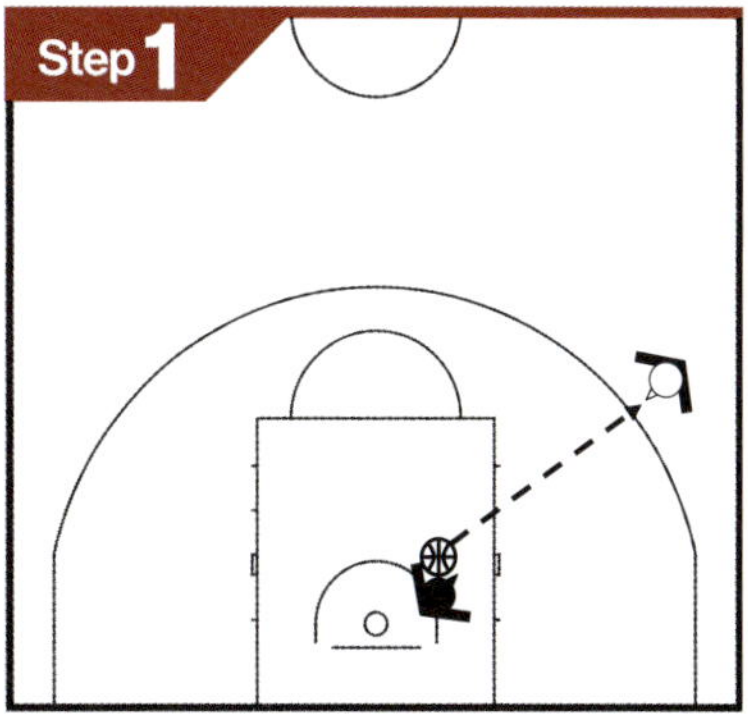

ディフェンスはボールを持ちノーチャージセミサークルに、オフェンスはウィングに位置します。ディフェンスはオフェンスにパスを出したら走ってオフェンスに向かいます。

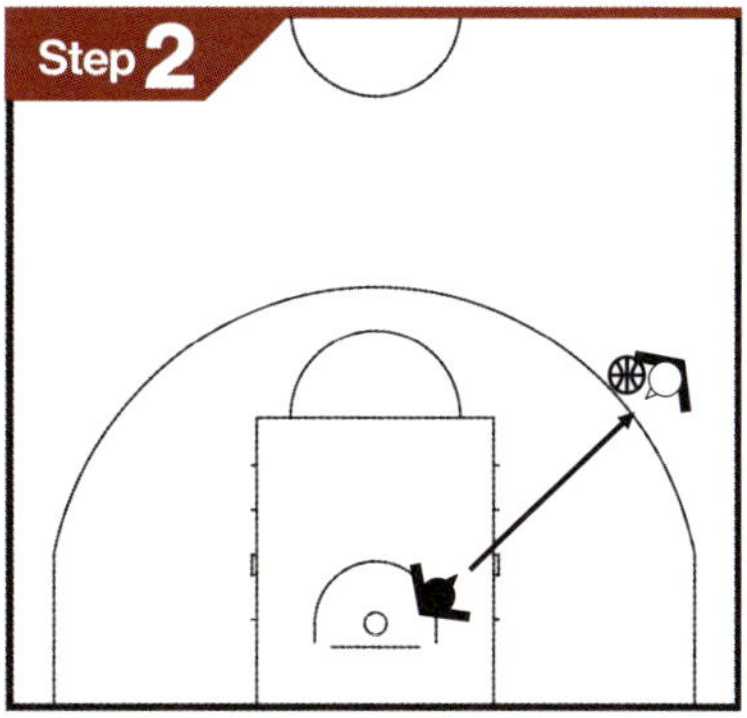

ディフェンスはパス後オフェンスのほうに走り、ハーキーステップでワンアームの間合いを調整します。また、ミドルライン側の手はボールへハンズアップをし、逆の手はパスを防ぐために大きく広げます。

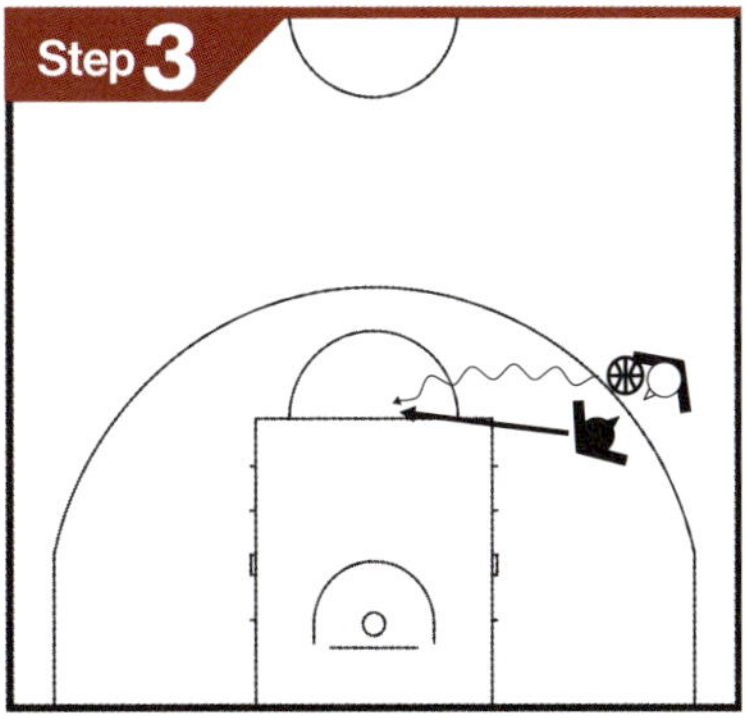

ディフェンスの手がショットコースにかかる間合いまで近づいたら、オフェンスはディフェンスの左右どちらかにドライブを仕掛けます。ディフェンスはオフェンスのドライブモーションと同時にゴール方向へ50cm下がり、手の甲でオフェンスの膝の内側を触りながらドライブについていきます。

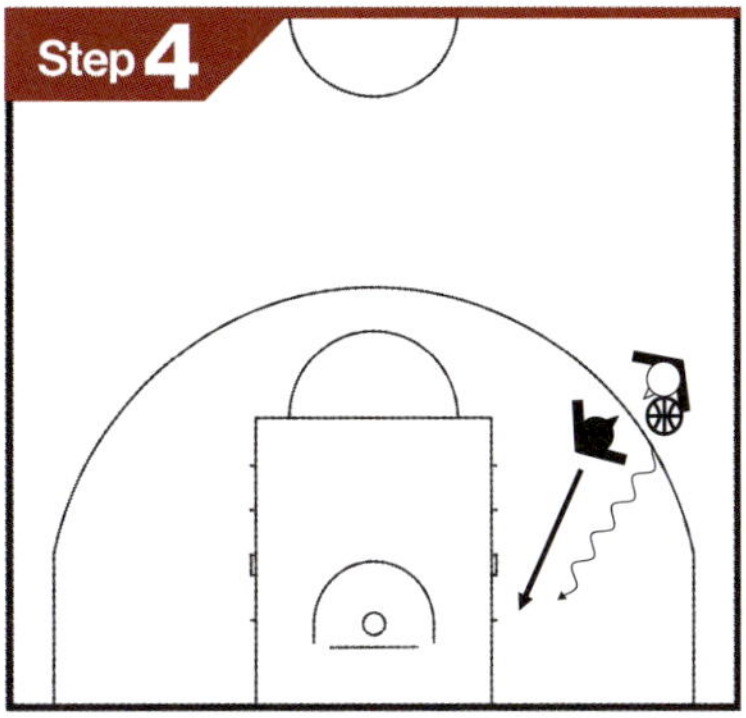

オフェンスのミドルラインドライブに対してはフリースローラインの外で止め、ベースラインドライブの場合はペイントに入る前に止めます。そこでディフェンスは間合いを詰めてスティックし、『デッド（ボールが止まったことの意）』の声を出します。オフェンスはピボットを数回踏んで終えます。オフェンスはドライブする際にチェンジオブディレクションをしましょう。

桜花
練習ドリル
03

2on2 PnRディフェンス

「PnR」のディフェンス「ショウ&リカバー」の練習ドリルです。まずはPnRを成立させない、もしくはよいスクリーンをセットさせないように、スクリーナーを外へ押し出します。このプレーで少しでもスクリーンの位置とタイミング、角度がずれたら成功です(※)。

次にボールマンのディフェンスは、スクリーンコールが聞こえたらベースライン側に行かれないようディレクションをします。スクリーンの逆方向に行かれること(リジェクト)を絶対に防ぎます。ボールマンのディフェンスは、ファイトオーバーでボールマンを外方向に押し出しながら抜けます。スクリーナーのディフェンスは、エンドライン側の手は相手の腰を抑え(スリップ防止)、反対の腕は大きく広げてボールマンにプレッシャーをかけます。ボールマンがドリブルをついた瞬間、サイドラインに平行に出てボールマンの勢いを止めます。ここで大事なことは、身体の正面がドリブルコースに入ることです。そのためには、低い姿勢(ステイロー)で構える必要があります。ボールに対して手を出すときは、手のひらがボールを向くようにします。ボールマンのディフェンスは、スクリーンを回避してインラインに入ったら『OK』と声を出し、スクリーナーのディフェンスは、『OK』の声が聞こえたら、スクリーナーのダイブを守るために走って戻ります。マイマンに戻る際はボールとマイマンの両方を捉えながら戻り、相手のペイント内への侵入に対しては必ずコンタクトして押し出しましょう。

※すべてのスクリーンディフェンスでは、スクリーンコールを大きく、早く出すことが重要になる。

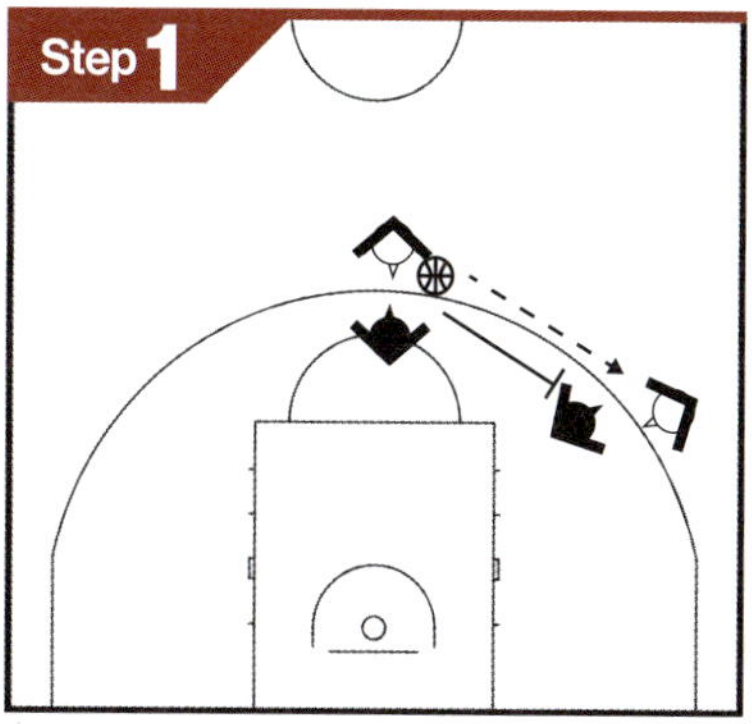

ビッグマンがボールマンになりトップ、ハンドラーがウィングに位置します。ディフェンスは各オフェンスにマッチアップし、ビッグマンはハンドラーにパスします。

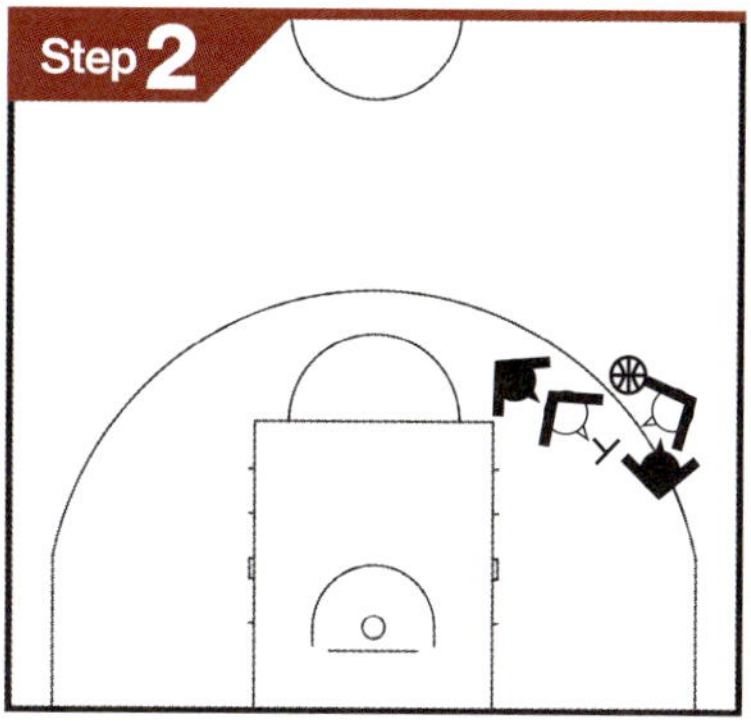

パス後はスクリーンをセットするためにウィングへ移動します。その移動に対してマッチアップするディフェンスは外へ押し出し、セットを困難にさせます。この時に大きくスクリーンコールを出して味方に知らせます。ハンドラーのディフェンスはスクリーンコールが聞こえたら、ミドルライン側へ行かせるようにディレクションをします。この時しっかりオフェンスとコンタクトしましょう。

ハンドラーはスクリーンを利用してゴールへアタックし、マッチアップするディフェンスはファイトオーバーをしてスクリーンを回避します。ビッグマンにマッチアップするディフェンスは、ハンドラーがドリブルをついた瞬間にサイドラインに平行に出てボールマンの勢いを止めます。ハンドラーはそのディフェンスに対しても恐れずゴールへアタックしましょう。ビッグマンはハンドラーのディフェンスにぶつかったらゴールへダイブします。

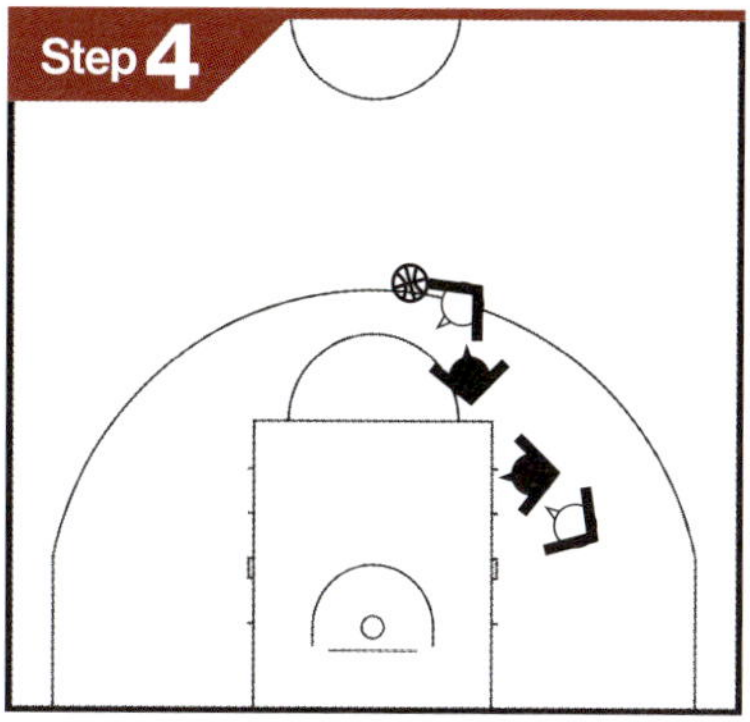

ハンドラーのディフェンスはファイトオーバーでスクリーンを回避し、インラインに入ったら『OK』と声を出します。ビッグマンのディフェンスはその声が聞こえたら、走ってマイマンに戻ります。戻る際にはボールとマイマンの両方を捉えましょう。ハンドラーをペイント内まで行かせないように守り、ビッグマンのダイブをペイントの外まで押し出したら終わります。

井上眞一

Shinichi Inoue

戦績

名古屋市立守山中学校

全国中学校バスケットボール大会（全中）優勝6回

桜花学園高等学校（旧：名古屋短期大学付属高校）

インターハイ優勝25回
国民スポーツ大会（旧：国民体育大会）優勝22回
ウインターカップ 優勝24回
U18トップリーグ 優勝1回

主な卒業生

大神雄子、内海亮子、池住美穂、諏訪裕美、小松さやか、塚野理沙、田中こずえ、鈴木成津子、浦島慧子、松島有梨江、中川聴乃、増野彩香、服部直子、吉田千沙、佐藤詩織、髙田真希、後藤彩、小泉遥、木林稚栄、深野羅定咲、丹羽裕美、梅木智加子、磯部夏紀、本多真実、水島沙紀、渡嘉敷来夢、岡本彩也花、外山優子、白慶花、渡邊夕貴、三好南穂、ヒル理奈、菅原絵梨奈、河村美幸、佐藤ひかる、馬瓜エブリン、山田愛、酒井彩等、井澗絢音、西山詩乃、加藤優希、遠藤桐、脇梨奈乃、馬瓜ステファニー、佐古瑠美、栗津雪乃、梅沢カディシャ樹奈、コナテ・カディジャ、山本麻衣、平下愛佳　など

PART 2

京都精華学園高等学校

山本綱義

Tsunayoshi Yamamoto

同志社大学経済学部を卒業後、京都精華女子高等学校教諭に就任。 以来、長年にわたり教鞭を取り、1995年に同中学高等学校校長、1996年には学校法人京都精華学園理事長に就任する。 その卓越した指導力と教育に対する高い情熱をもって生徒の教育指導にあたり、同学園の発展に多大な貢献を果たす。学生時代は野球少年として過ごし、夜間高校時代に先輩に声を掛けられたことからバスケットボールをはじめる。自らを「教えない、褒めない、怒る」という最悪の監督と表現するも、子どもたちの将来を考え、激務の中中学バスケットボール部の設立、留学生を受け入れての教育など、様々な試みに積極的に取り組んでいる。

私は最悪の監督だよ
―根底にある思い―

自らの名誉や欲が根底にあれば必ず子どもたちに見透かされる

バスケットボールの指導をはじめて50年を超えましたが、私は歴代の名将と呼ばれるような監督ではありません。ですから自らを「教えない、褒めない、怒るという最悪の監督」と表現しています。それにテクニカルファウルの常習者だとも思っています。

私がバスケットボールと出合ったのは、高校生のときでした。小学校1年生で父親を亡くしたため、母が必死になって育ててくれました。「これ以上母に苦労をさせたらあかん」と考え、中学校卒業後は働きながら通える定時制（夜間）高校に進んだのです。中学校では少しだけ野球をしていましたが、高校にはナイター照明などないため、さすがに夜は野球ができません。そんなときに先輩から「おまえ、身長があるからバスケットボール部に入れよ」と声をかけていただき、そこでバスケットボールをすることになりました。このときが、私がプレーヤーとしてバスケットボールをかじった時間です。その後同志社大学に進学しますが、高校の教頭先生から京都精華の事務員として働かないかと声をかけていただき、大学に通いながら勤務することになりました。

校内を歩いていると、グラウンドでバスケットボールの上に座った女子たちが砂いじりをしていました。「きみら何してんの？」と声をかけると、「バスケットボールを見てくれる人がいません」と。続けて「山本さん見てくれませんか？」と言われたので「バスケットボールは知らんけど、ええよ」とその場で快諾しました。経験者4名と、試合をするためにスカウトした1名の計5名から、精華のバスケットボール部がスタートしたのです。初めて迎えた大会。3ポイントシュートのない時代に124−4で敗れました。本当に悔しかったのですが、選手たちを見るとヘラヘラしているではありませんか。「きみら悔しくないんか？」と思いましたが……。それからは1回戦を勝ち上がって2回戦で敗れ、次の大会では1回戦で敗れ、今度は3回戦まで勝ち上がり、といった勝負を繰り返していました。そこから自分なりにバスケットボールを勉強し、練習につなげて今まで来ました。

最悪の監督と言っている私ですが、根底には「子どもたちを愛さなければならん」という思いがあります。「彼女たちのためになんとかしてあげたい」という気持ちを持ち続けています。これが自分の名誉やよい指導者だと思われたいといった欲に基づくものであれば、子どもたちは気づきます。素直に子どもたちを思っているからこそ、信頼してもらえるのです。

テクニカルファウルの常習者という悪名
―子どもたちの未来を守る―

バスケットボールで危険なプレーはしてはならない

バスケットボール部を見るようになった当初、学閥や派閥に頼るような指導者にはなりたくないと決意しました。私は自分なりにバスケットボールを勉強し、当然ルールも覚えましたが、どうみてもファウルではないのに笛を吹かれることがありました。その一つが、ある大会の決勝戦です。僅差で負けている状況で、選手が3ポイントを放ってリングを通過した後に笛が吹かれ、試合終了となりました。そのときにボールは空中にあり、しかもそのショットが決まりました。「なんだ？」と思っていると「ブロッキング」というレフェリーの声が。ショットとは関係のないプレーに対してファウルが取られ、試合に勝てなかったのです。そこで「審判が悪いから負けた」という気持ちはありませんでした。この出来事を「そうなんだ」と素直に受け止め、「自分たちに何かが足りないから負けた」と考えるようにしました。同時に、誰からも文句を言われないくらい圧倒的に勝てばいいと考えるようになったのです。子どもたちの真の「実力で勝ちたい」という気持ちを大事にしようと。「我を潰すもの我なり、我を生かすのも我なり」です。

ところで、私がなぜテクニカルファウルの常習者と言っているかというと、選手の安全に関係があります。精華では練習でも怪我をさせないために、選手同士の衝突を避けることに気を配っています。衝突を避けることは、バスケットボールの原則です。選手たちにはよく「衝突して靭帯を切ったとしたら、復帰まで半年以上かかるではすまないこともあるよ。きみらの将来の夢に関わってくるよ」「だから不用意に怪我をしてはいけないし、相手に怪我をさせてもいけないよ」と伝えます。バスケットボールは格闘技と表現されることもあります。そのためルールで「これ以上やれば怪我をしますよ」「危険ですよ」と決められていると理解しています。ところが、相手によっては勝ちたい気持ちが強すぎて、ギリギリの線を越えたプレーをしてくることがあります。こうした「見つからなければ何をやってもいい」というバスケットボールは大嫌いです。同時にこうしたプレーをレフェリーが見過ごしたり、あえて笛を吹かなかったりすると、子どもたちの未来のためにレフェリーを注意しないといけません。そうすると、テクニカルファウルの常習者になるわけです。もちろん、時には私の見方や判断が必ずしも正しいとは思っていませんが、つい熱くなると抗議してしまいます（未熟者で申し訳ありません）。選手たちはバスケットボールを通じて「Wリーグに行きたい」「日本代表に入りたい」などの夢を追いかけています。周りの人間が自分の考えや感情などでこれを潰すようなことは、絶対にしてはいけません。

Tsunayoshi Yamamoto

03

頑張ってらっしゃる先生の練習を勉強させてください

―小さな目標の達成を積み重ねる―

謙虚にお願いさせていただく

実力で勝つためにはじめたことは、子どもたちに小さな目標を持たせ、それを少しずつ実現させることでした。その第一歩として、京都でベスト32やベスト16のチームの練習を、まずは私一人で勉強させていただきました。試合前は試合の対策練習をしますので、このタイミングは省きました。また試合である程度結果が出て喜んでいらっしゃるときを見計らって「先生、本当に頑張ってらっしゃるから、2、30分でいいのでちょっと練習を見させていただけませんか？」と連絡をしたのです。そして体育館の端っこに座り、練習を見学しました。ここで大事なことは「タイミングを見計らう」「謙虚に丁寧にお願いする」そして「メモを取らない」ことです。指導者の皆さんはよい意味でプライドがあります。そこには指導方針や独自の練習方法があります。そこを尊重しなければ、気持ちよく練習を見せていただけたり、本当の目的である次にはつながりません。

本当の目的、それは選手たちも連れて行くことです。はじめは私1人で練習に行き、体育館の端っこで練習を見させていただきます。そうすると少しずつ信頼関係ができ「先生、いっぺん選手たちを連れておいでよ」と言っていただけることがあります。そうなってはじめて、選手たちを練習に参加させていただけるのです。「いいんですか？ 足を引っ張りますよ」と答えながら、本当にありがたいと感謝していました。

子どもたちは自分たちよりも強いチームの練習に参加させていただくと、「どのような姿勢でバスケットボールに向き合っているのか」を学びます。それを体育館に持ち帰って繰り返し練習をすることで、少しずつ自分のプレーに自信を持ちます。こうした気持ちや流れを少しずつ作っていくことがとても大切ですし、そうすることで子どもたちに「勝ちたい」という気持ちが芽生えると考えています。そして子どもたちが「勝ちたい」と思えたら、「大丈夫か？」と後ろから押し上げるような関わりをすることが指導者の役割だと思います。

「きみらは練習させてくれたチームに恩があるよ」「恩返しをするにはどうしたらええねん？」と尋ねます。そしてそれは「教えてくれたチームと互角に戦うこと」「他のベスト32や16のチームに勝つこと」だと伝えています。その後、少しずつ子どもたちが成長し、チームが勝てるようになってきました。これが後に桜花学園の井上先生にまでつながっていきます。

精華のバスケットボールは捨てなさい
―次のカテゴリーに羽ばたく選手たちへ―

カーナビ頼みの人生は歩まないでもらいたい

私は教えない指導者ですが、その理由の一つは教えると腹が立つからです。なぜかというと、教えてすぐにできるスポーツはないからです。その一方で自分に目を向けると、Aという選手には何回か伝えたとします。ところがBという選手には1回伝えたか伝えていないかもわからないとします。誰に何回伝えたかを把握できていませんから、B選手に「なんべん言ったらわかるんや」と言ってしまうことがあります。「なんべん……」は自分の錯覚なのです。それが嫌だから選手たちには自分で（道を）開きなさいと伝えます。そのヒントとして、練習で気づきが生まれるような工夫を入れています。

今の子たちはいろいろな道標がある。言ってみればカーナビ頼みの環境にあると感じます。カーナビは確実に目的地に着けますが、道中に何があったのかを覚えていないでしょう。同じ道を再度走るときに、カーナビなしではたどり着けないでしょう。子どもたちにはそのような考え方や人生を過ごしてほしくないと思っています。練習中、気づきがあるごとに選手たちが話し合い、次のプレーに活かしている現状を見ると、少し嬉しくなります。

バスケットボールには指導者が100人いれば100通りのスタイルがあります。指導者が変われば目指すバスケットが異なりますし、その違いを素直に受け入れられなければ試合で使ってもらえません。子どもたちが卒業する前に全員で送別会をするのですが、その席で「精華のバスケットを捨てろ」「精華のバスケットは忘れろ」と伝えます。大学に進学するのであれば、大学の監督の言うことを100％聞きなさいと言います。選手たちに忘れろというのですから、子どもたちに私の電話番号を教えませんし、彼女たちの電話番号を聞くこともしません（もっとも家内とは連絡を取っているようですが）。彼女たちの卒業後のプレーに対して、私が触れることは一切ありません。

子どもたちが次のステージで成長する唯一の方法は、そのステージのバスケットボールの指導内容に批判的にならないことです。素直に謙虚に受け止めることです。「自分のことは自分で考えて決める」「自分の行動に責任を持つ」。それを大事にして、次のステージでも活躍してもらえたら、誰にも知られることなく、ひっそりと喜ぶようにしています。

05

強いチームがあるから自分たちが成長できる

―成長のために大切なこと―

理解できないことがあっても攻撃をせずに我慢する

練習を見させていただくお願いをしていくうちに、桜花学園の井上先生と知り合うことができ、練習を見させていただける機会がありました。初めて伺う前に高級ブランデーを買い、井上先生のもとに伺いました。ところが井上先生は喜んでいないのです。「俺、飲まないんだよ」。……。さらにアシスタントコーチの方に「おお、飲めよ」。そして追い打ちをかけるようにアシスタントコーチの方が「井上先生は甘いものがお好きなんです」。(京都にいっぱいあるやん……)。

さて、選手たちは見学だけで十分と思っていたのですが、井上先生から「ゲームしよう」とご提案いただき、ゲームをすることになりました。そのときに私が「結構入る子がいるんですけど、どうしたら3ポイントをもっと決められますかね?」と尋ねると、一言「ダウンスクリーンだな」。口であれこれ教えてくれはしませんでした。それから何度も練習を見学し、一緒にやらせていただくようになりまし

た。選手たちも日本一のチームと練習をさせていただくことで、「私たちとは何が違うのか?」「私たちには何が足りないのか?」と考え、それがプレーにも表れるようになっていきました。
いろいろなチームと一緒に練習をさせていただくなかで、改めて思ったことは「勝つことよりも大事なことがある」です。チームがうまく機能するためには、チームワークが最も大切です。そのためには、選手には「仲間の悪口は言うな」「聞くな」「聞いたら共犯、同罪や」と言います。人はそれぞれ違う人生を歩んできて今があります。当然、他人が理解できないことがいくつもあります。それを理解ができないという理由で攻撃することは間違いですし、我慢することが必要です。
私の家内と母は、周りがうらやむほどのすごく仲がよい関係でした。その秘訣は2人が交わしていた「お互いに相手の嫌なことは絶対に言わない」ということです。一度悪口を発したら取り返しがつきません。そのことをよく知っている2人は、絶対に言ってはならないことを言わないようにしようと約束していたのです。たった一言でよい関係が崩れてしまうことがあります。ですから私はこの話を子どもたちに時々話すようにしています。ただし、家内と母は「もうお父さんは何やってんの」「あの子はこういうところで昔からへそが曲がってるからね」と私の悪口は言っていました。私が2人の仲のよさに一役買っていたことを付け加えたいと思います。

子どもたちの心の部分を育てなければ、絶対にチームとしてはうまくいきません。心の部分が育てば、苦しいときこそ助け合い、声をかけあうことができます。それが表れた一つが2024インターハイです。1点差や2点差でゲームを制し、インターハイ連覇を達成することができたのです。

数年前に井上先生に練習試合を申し込んだときは「やだよ、おまえのところは強いからな」と言われたときに、ようやく井上先生に認められたと嬉しくなりました。そして2024佐賀国スポでは決勝が愛知県と京都府。最大24点差をつけられたものの、京都が逆転勝ちをすることができました。試合後に井上先生のところに伺うと「もうおまえのところ嫌だよ」と言って帰られました。井上先生に深く感謝しています。

中学バスケットボール部と留学生の獲得 ―選手たちに勝たせてあげたい工夫―

バスケットボールよりも大切なことを教え、伝える

あるとき、京都のミニバス界の大御所の宮崎先生が当校を訪ねて来られました。高校バスケの私に「なぜ？」と思いながらお会いすると「先生、いっぺんミニバスの試合を見に来てぇな」と。「ミニにはあまり興味ないですよ」と答えたのですが、それから何度も足を運ばれました。根負けした私は「わかりました、行きます」と亀岡市の体育館で行われた試合を見に行ったのです。すると涙が出そうになりました。小さい子どもたちが小さいシューズを履いて、一生懸命にプレーしていたのです。そして上手な子が何人もいました。思わず「先生、感動しました。みんな上手ですね」と口にすると「山本さん、違うねん。この子らな、中学に行ったら潰れる子もいるよ」。驚いて理由を尋ねると、「その学校にバスケットボールを知っている指導者が少ない」「年功序列で下手でも上級生が試合に出て、全国に出るレベル

の1年生であっても壁際に立って声出しをさせられる」など、もったいない境遇に身を置くことになるとのことでした。続けて「子どもたちは面白くないから他の部活に移ったり、バスケをやめてしまう」と。なぜ宮崎先生が私を訪ねてこられたのかが分かりました。宮崎先生の「あんた、なんとかこの子らを見てえな」という言葉に対して「わかりました」と答えたのです。高校と中学を同時に見ることはできないと思い、高校を他の先生に任せました。中学バスケ部は1年半で優勝し、2年半で近畿大会に出場できたのです。この近畿大会で3位に入ることができれば全中の出場権が得られますが、残念ながら4位でした。私は子どもたちに謝りながらボロボロ泣きました。「先生のせいだ。本当に悪かった」。翌年は近畿大会で3位になるものの、高山全中は予選敗退、翌年の山形全中では3位と、結果が出てきましたが、同時に別の問題が起きました。高山全中に出た子たちが高校に上がるときに「先生、（精華を）出ていいですか？」「もっと強いところに行きたいです」と。仕方ないなと思っていましたが、保護者から「先生、高校で見てくれはります？」との言葉が。この子たちは頑張ればなんとかなる選手に成長していましたので、私は「わかった」と返事をしてしまいました。中学と高校の両方を見ながら理事長職、校長職、私学連合会の会長など、大変な人生がはじまってしまいました。

高校に上がると残ってくれた子たちが優れたガードやフォワードに成長してくれましたが、センターがいませんでした。他の中学校によいセンター候補がいたとしても、うちには来てくれません。そのような状況で桜花と試合をしたときに、渡嘉敷来夢選手（現アイシンウィングス）がいました。彼女1人、第1Qだけで10点以上も得点をされたことで私は決断しました。「留学生を取ろう」と。「そこまでして勝ちたいのか！」とたくさん批判を浴びましたが、「（子どもたちを）勝たせてあげたい」との強い思いで決断しました。

当たり前ですが、留学生を迎えることは簡単なことではありません。宗教や食事の違い、文化の違いはもちろんですが、彼女たちはついこの前まで小学生だった子どもです（留学生は中2の年に受け入れ）。来日して1週間はホームシックで泣きっぱなしです。ようやく子育てが終わり、自分の時間を楽しもうとしていた家内になんとか手伝ってもらいました。その家内が、泣いている子を抱きしめてくれます。そうするうちに子どもたちも少しずつ環境に慣れていきます。

来日した子たちには、家内と私で日本人の心や常識、マナーを教えます。学校では日本語も教えています。そして日本人と同じように叱るときは叱ります。お客様ではないからです。選手たちも心得たもので、おかずの交換をしたり、食べかけのものを取って食べたりしています。留学生と日本人選手を同室にすることも精華の特徴かもしれません。Wリーグのシャンソン化粧品に進んだイゾジェ・ウチェやトヨタ紡織のディマロ・ジェシカは、袋一杯にお菓子を入れて訪ねてくることがあります。よい関係の築けるチームに成長してくれたことをうれしく思います。

京都精華練習ドリル

01

リバウンドからのドリブルレイアップショット

漫画『SLAM DUNK』のなかで桜木花道が「庶民シュート」と言っているように、レイアップショットはリング付近でリリースするため、比較的簡単なショットになります。しかし、実はハイスピードで正面から放つレイアップは意外と難易度が高くなります。

例えばハイスピードのままで放つとボールにスピードが伝わるため、勢いよくバックボードに当たって弾かれてしまいます。このようなミスを防ぐためには、ショット直前のステップで一気にスピードを緩める必要があります。また正面からは、バックボードを利用すること自体が難しくなります。さらに、ダイレクトショットの場合は、リリース時には微妙な力加減が求められます。人間はこの微妙な力の発揮を苦手としています。

加えてミドルラインから進むコースを変えて、バックボードを利用してレイアップショットを放つとします。その場合はリングまでの移動距離が長くなるため、ディフェンスに追いつかれ、ショット自体を阻止される可能性が高くなります。

そのように考えると、ファストブレイクなどで確実に点を取るためには、ハイスピードかつリング正面からのレイアップショットを決め切るスキルが必要になります。京都精華では、この高いスピードでのリング正面からのレイアップショットに着目し、スキルの習得に取り組んでいます。

Step 1

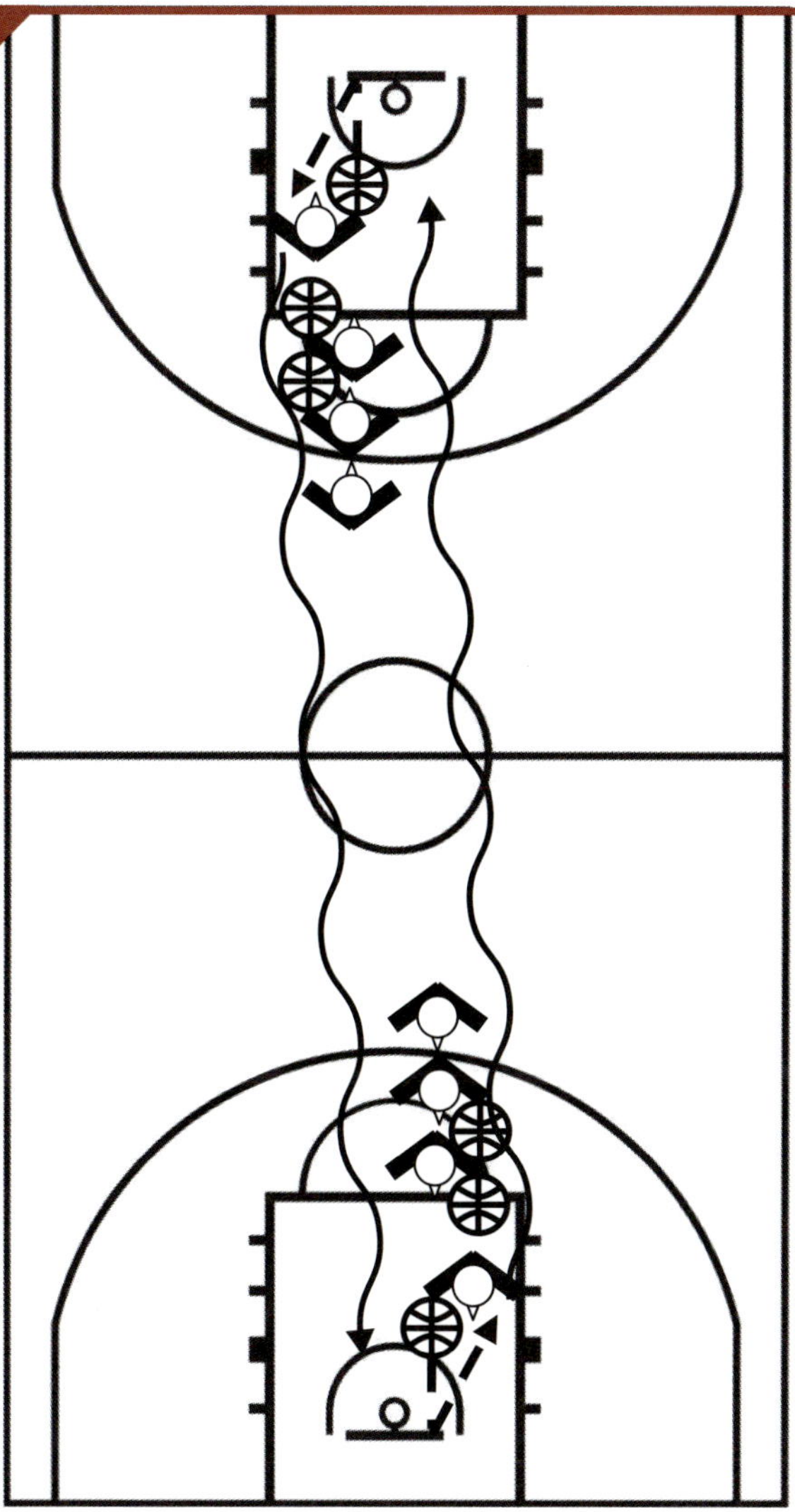

ボールを持ってミドルラインに並び、先頭のプレーヤーがバックボードにボールを当て、リバウンドボールを取ります。そして最短距離で反対側のリングに向かってドリブルをし、レイアップショットを放ちます。注意点は、進むコースが膨らんでしまい、ショットまでに時間がかかることです。この練習は主にワンサイド側しか使用しないため、反対側のゴール側からスタートするグループを作ることもできます。ただし、ショットを放った後は速やかにボールを拾い、後からショットを放つプレーヤーの安全を確保する必要があります。

京都精華
練習ドリル

02

ショットガンパス

46ページの練習では、リバウンドを取った後、リングまでの距離を簡単に確認することができました。しかし実際のファストブレイクでは、全力でリングに向かうプレーヤーが後方からのパスをキャッチし、正面からのレイアップショットを放つシチュエーションもあります。その場合、ミドルライン上を走ることもあります。ここでコースが膨らむとリング到達までに時間がかかり、相手に戻られてしまう可能性があります。このようなプレーを防ぐためには、リングに向かって走りながら後方に視線を向けてキャッチをし、キャッチと同時かその直前に視線をリングに戻します。大切なのは、後方に視線を向けながらリングまでの距離を把握し、精度の高いレイアップを放つことです。

京都精華では、このシチュエーションにフォーカスし、後方からのパスをキャッチしてリング正面から放つレイアップショットを練習に取り入れています。ただし、走っているプレーヤーが視線の向きを変えたり、シュートを放つタイミングで転倒する危険があります。そのため選手たちの成長度合いや力量を見極めながら、練習を導入するタイミングを慎重に計ってください。前に述べたように、怪我は選手たちのバスケットボール人生を奪ってしまいます。そのようなことにならないよう、安全を最優先してください。

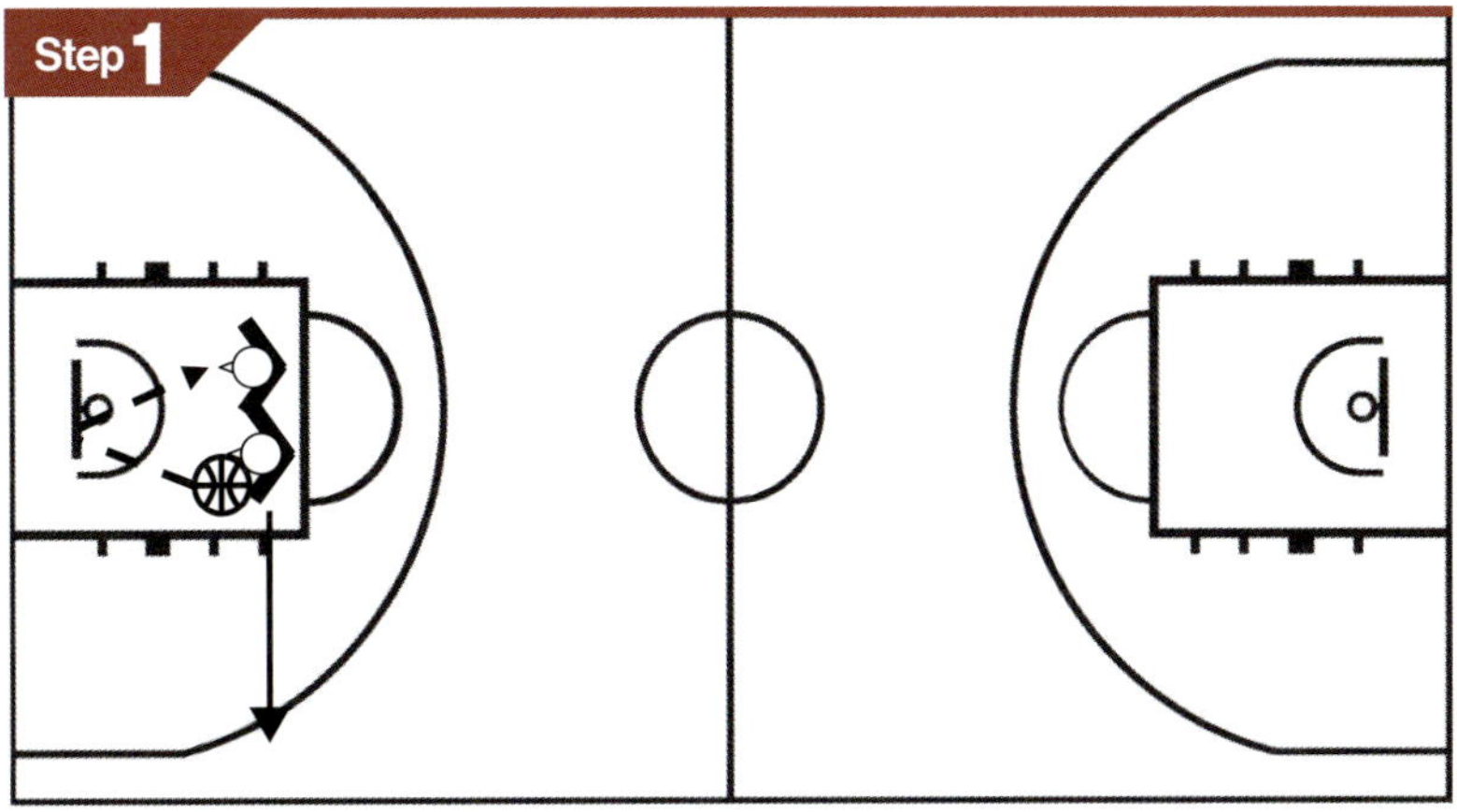

ペイント内に2名のプレーヤーが入り、一方がボールを持ちます。ボールをバックボードに当て、もう一方のプレーヤーがリバウンドを取ります。バックボードにボールを当てたプレーヤーはウィングに開きます。

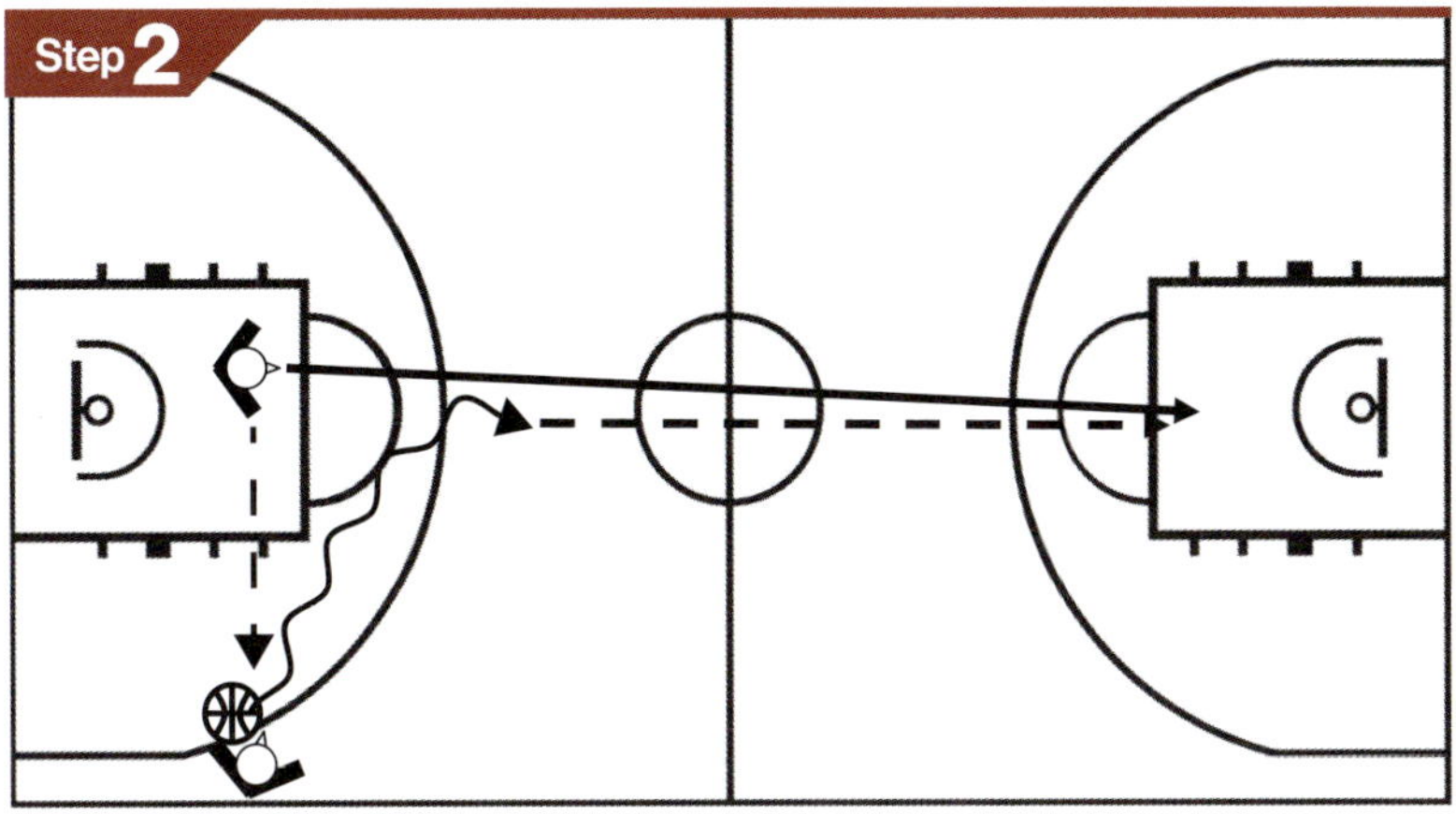

リバウンドを取ったプレーヤーはアウトレットパスを出し、ミドルライン上を走ってリングに向かいます。パスを受けたプレーヤーはミドルラインをドリブルで進み、全力で走るプレーヤーにパスを出します。走っているプレーヤーは後方からのボールをキャッチし、リング正面からのレイアップショットを放ちます。パスを出したプレーヤーはリバウンドボールを処理します。

京都精華
練習ドリル
03

2on1

京都精華では、いかにシンプルなバスケットボールをするかを追求しています。現在はパターンオフェンスやモーションオフェンスなど、様々なオフェンス戦術が考案され、採用されています。しかし特定の状況を除き、オフェンス戦術は1on0の状況を作り出すことが目的です。そのためグループ戦術の最小単位である2on1から1on0の状況を作り出すことを洗練させ、5on5の状況をより単純に理解することを試みています。

2on1では、原則としてリングに向かっている状況でボールを持ったプレーヤーがショットを放ちます。ボールを持っているプレーヤーがショットに行ける場合は、ディフェンスに近づかれたとしても1on0の状況だと解釈します。ボールを持っているプレーヤーがショットを放てなければ、1on0が成立していないためパスを選択します。

このようにシンプルに判断をします。ボールを持っているプレーヤーがショットに行けるか、行けないかだけです。テクノロジーの発展により、我々はバスケットボールに関するあらゆる情報を手に入れられるようになりました。情報の増加により知識が増えると、様々なことを試してみたくなるものです。しかし、今一度バスケットボールをシンプルに理解することに立ち返ってみましょう。そうすることで、新たな発見ができるかもしれません。

Step 1

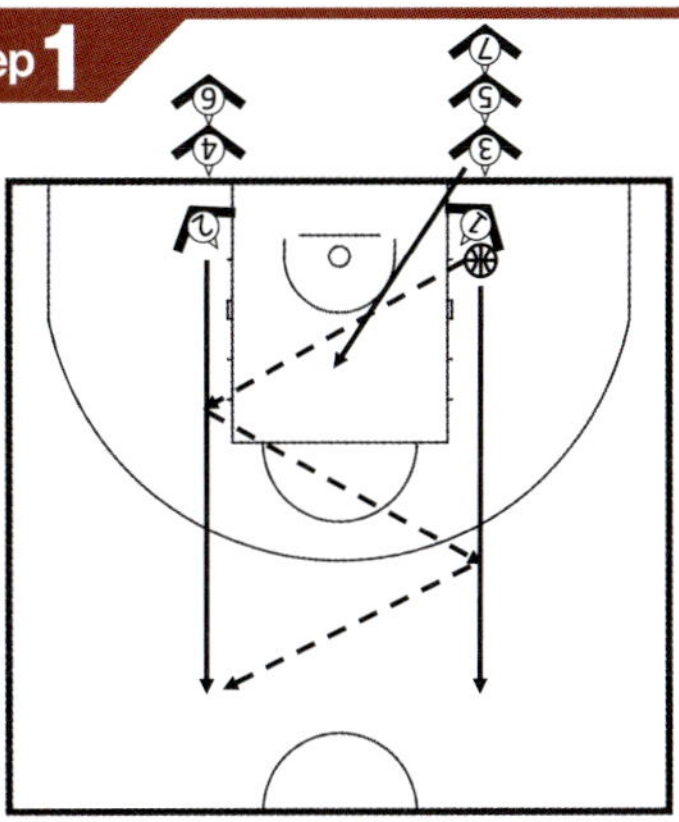

ベースラインのショートコーナーに2列に並びます。1列はオフェンス、もう1列はディフェンスになります。ディフェンスの列の先頭のプレーヤーがボールを持ち、2つの列の先頭のプレーヤーはパスをしながらセンターライン付近まで進みます。

Step 2

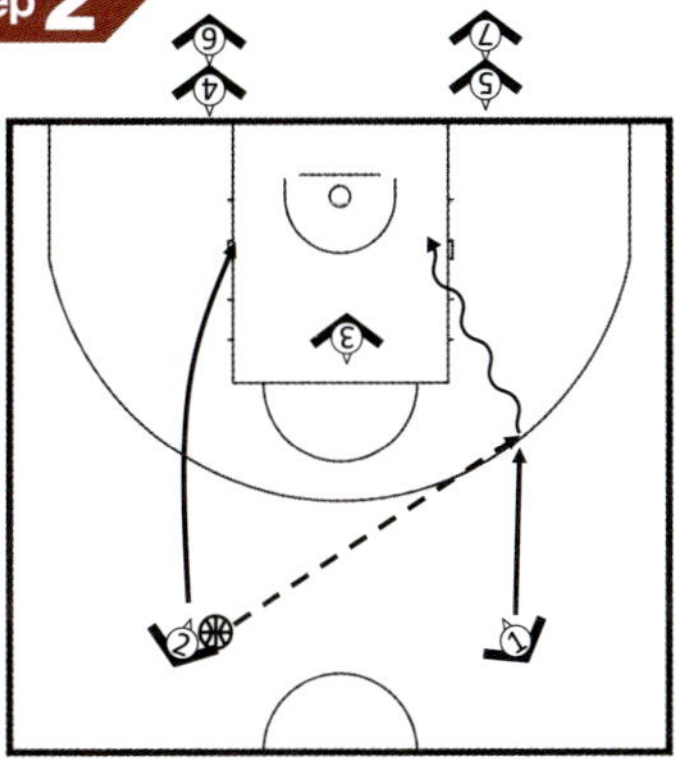

先頭の2名がセンターラインに進むと同時に、ディフェンスがペイント内に入ります。2人はセンターライン付近で折り返し、2on1を行います。

Step 3

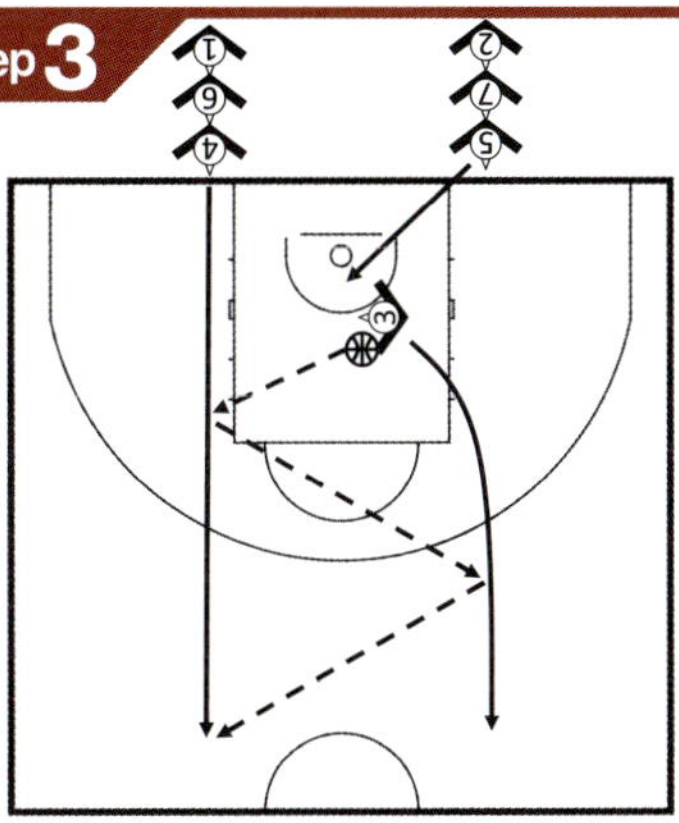

2on1後、ディフェンスをしていたプレーヤーがボールを持ち、オフェンス列先頭のプレーヤーとパスをしながらセンターライン付近まで進みます。そしてStep2の動きをします。この動きを繰り返します。

山本綱義

Tsunayoshi Yamamoto

戦績

京都精華学園中学校

全国中学校バスケットボール大会（全中）優勝2回、準優勝1回
Jrウインターカップ 優勝1回、準優勝3回

京都精華学園高等学校

インターハイ優勝3回、3位1回
ウインターカップ 優勝2回、準優勝1回、3位1回
U18トップリーグ 優勝2回、準優勝1回

主な卒業生

イゾジェ・ウチェ、ディマロ・ジェシカ、トラオレ・セトゥ、
高橋未来、堀内桜花、八木悠香、角畑莉子 など

PART 3

福岡第一高等学校

井手口孝

1963年生まれ。福岡県出身。西南学院高から日本体育大学へ進学。大学卒業後、地元・福岡県の中村学園女子高に赴任。その後、1994年に福岡第一高へ就任し、男子バスケットボール部を創部する。就任5年目の1998年にはインターハイ初出場。2004年のインターハイでチームを日本一へと導く。これまでにインターハイ優勝5回、ウインターカップでは2連覇を含めて計5回の優勝を数える。並里成（ファイティングイーグルス名古屋）や鵤誠司（宇都宮ブレックス）、河村勇輝（NBAグリズリーズ）など、日本を代表するポイントガードを多数輩出している。

Takashi Ideguchi

3年間くらいは腹いっぱいバスケットをさせてあげたい
—指導者としての軸—

極力選手と離れようとしていた自分が今では接点を持とうとする

僕は高校の教員ですから、あくまでも部活動であり、クラブチームではありません。バスケットボールがやりたい子どもたちは、できる限り入部させますし、可能な限り辞めさせないように気をつけています。

そのためには、とにかくいっぱい練習をさせてあげて、卒業するときには「腹いっぱいバスケットをしたたな」と思ってもらうことを大事にしています。今は部員が96名いるため（2024年11月現在）、アシスタントの先生たちには負担をかけていますが、先輩の練習を見ただけで帰るだとか、声出しだけして帰ることはさせたくありません。「今日もきつかったな」と思ってもらえるように工夫をしています。人数が多いので今は5グループに分かれますが、それぞれのグループがなるべくたくさんボールを触れるように、1グループの練習時間が2時間、それを2コマのようにしています。時間にすると15時から17時と17時から19時になります。ボールを触っていない選手たちはトレーニングをしたり、主力のグループは一度練習をして寮に戻り、食事をしてから体育館に戻ってきたりしています。

うちの体育館は教官室が2つのフロアにあるのですが、以前は上のフロアに年配者がいて、下のフロアが若手でした。本来はそのほうがよいと思いますが、今は逆で年配者の私が下、若手の先生たちが上になっています。このフロアには水道や製氷機がありますので、選手たちが水や氷を取りにきます。そのときに彼らと少しですが言葉を交わす時間ができます。もちろんお互いに忙しければ「おお」「じゃあ」くらいになりますが、気になった選手がいたら「今日はどうだった?」などと声をかけるようにしています。それから選手たちには、帰るときに「黙って体育館を出るのではなく、必ず教官室に寄りなさい」と言っています。そうすることで、少しでも接点を作るようにしています。帰る時間は選手によってまちまちですから、これだけでも言葉を交わせる機会は増えます。

不思議なもので、今は管理職になってしまいましたから、担任も授業もありません。ですから選手たちと接点を持とう持とうとしています。ところが以前は担任を持ち、授業もありましたから、朝練のときに体育館で一緒になって「おはよう」「じゃあ教室行け」のようなやり取りがあるわけです。そして教室で再び「おはよう」。帰りのホームルームで「さよなら」と言って別れたのに体育館でまた会う。この頃は選手たちと極力離れよう離れようとしていました。

「バスケットボールで何ものかになろう」という気持ちを大事にしたい

―男子バスケットボール部のはじまりと指導者を目指した理由―

後輩たちには同じ想いをさせたくない

今では体育館の2面がバスケットボール専用として使える恵まれた環境がありますが、私が赴任した頃はバレーボール部とバドミントン部が使っていました。バスケットボール部は女子部しかなく、別の専用体育館で練習していました。土曜日に開設しているパラマ塾（当時はパラマ講座）を経て男子バスケットボール部を創部（再建）できましたが、練習場所はありませんでした。そこで平日に学校のスクールバス（結構なオンボロバスでした）に乗って近くの高校や大学へ出かけて一緒に練習させてもらいました。先日も当時の子たちと食事をしたのですが、「オンボロバスでしたね」「坂を登れなくて先生がバスを降りろっていって僕らは走って登ったり」「このバス気合いが足らん」など、みんなよく覚えているものです。そのような放浪した練習をするうちに、バレーボール部の部員が少なくなり休部状態に、またバドミントン部は体育館一階のフロアで練習することになり、毎日学校の体育館で練習ができるようになったのです。元々僕が指導者を目指した理由の一つは、「後輩たちに同じ想いをさせたくない」からでした。進学した西南学院高等学校バスケットボール部は当時、福岡地区で一番下の3部、コーチは不在。僕は1年の途中から、先輩を差し置いてチームを引っ張るようになりました。練習試合で手応えをつかみ、迎えた11月の新人戦当日に思いがけない事態が起こりました。顧問の代理として引率してくれるはずの先生が日にちを間違えて会場に来ず、試合は不戦敗（没収試合）になったのです。「2部に上がれるかも」という希望があっただけに、ショックは大きかった。その後は練習に来なくなる部員も現れ、チームはバラバラになり、思うような成績を残せずに高校生活は終わりました。「こうした思いをするのは自分たちだけで十分だ」と思って指導者の道に進んだのですが、結果的には母校には戻れませんでした。

この放浪した生活と指導者を目指したきっかけがリンクしたのかもしれませんが、体育館が使えるようになると、朝の6時頃から体育館に来て、夜遅くまで練習することが当たり前になりました。それが今でも続いていて、2024年の4月にスラムダンク奨学金でアメリカに渡った崎濱秀斗クラスの選手たちも朝早く来て、朝練前の朝練をしていたものです。そうやって3年間バスケットボールに打ち込む子たちは、「バスケットボールで何ものかになろう」という気持ちを持っています。私は100年生きるうちの3年くらいは、一つのことに死に物狂いになってもいいのではないかと考えています。

Takashi Ideguchi

03

高校バスケで本当に使えるパスとドリブルとは

―中学生までに身につけてもらいたいスキル―

高校バスケでの速攻には質の高いパスが必要になる

高校時代はちょうど身体が出来上がる時期ですので、ウェイトトレーニングも取り入れていますが、どれだけ練習時間が少なくなっても、ストレッチと練習後の体幹トレーニングは手を抜かないようにしています。その理由は、大きな怪我をさせたくないからです。

また、今は小中学校にも優秀なスキルコーチがたくさんいて、一見子どもたちのスキルが高まっているように見えます。ところが僕たちが高校のバスケットボールで使っている、本当にやってもらいたいパスやドリブルは身についていません。ですからこうした基礎練習にも非常に時間が取られます。

福岡第一は、全員がポイントガードの資質や考え方を持っているチームを目指していますので、全員がほぼ同じメニューに取り組みます。チーム練習になると当然ポジション制になりますが、「身長があるから走らなくていい」「身長がないからリバウンドにいかなくていい」ではなく、全員がオールラウンダーになってほしいと考えています。そのためパスやドリブルの技術が身についていないことは、致命的になるわけです。

U15まではゾーンディフェンス禁止のルールがあります。そのため1on1からドリブルでフィニッシュに持っていくプレーが非常に多くなります。それによってパスの技術が酷いプレーヤーが生まれますし、ドリブルにしてもやたらと時間をかけるプレーが目立ちます。ショットクロック24秒のうち、ひどいときには半分くらいボールを独占するガードもいます。これは周りの選手が不幸ですよね。我々が口酸っぱく言われたボールミートもありません。

一方で僕がやりたいバスケットボールは、選手たちにサイズがないこともありますが、みんなが止まらないオフェンスです。1人がボールを独占するようなドリブルは通用しません。パスにしても求めているのはピンポイントに出す正確さです。この辺りに出すパスではありません。速攻が多いなかで疾走する選手に正確なよいスピードで、よいボールの回転で、受けた選手の手に吸い込まれるような、そしてファンブルしても手についているようなパスです。こうしたパスが出せるように少しずつでも極めていってもらいたいと思っています。

パスの練習をおろそかにしていると、3メンなどのブレイクの練習をしたときに、スピード感がなくなります。「なんでこんなに遅いのかな?」と思ってよくよく見ていると、パスがお辞儀をしたり(山なり）、走る選手の後ろ側に出したりしているのです。あと0コンマ何秒出すのを待てば、きちんとレイアップに入れるタイミングになりますが、早めに出してしまい、トラベリングせざるを得なかったり、ワンドリブルを突く必要が出たりすることがあります。こうしたことがU15までは押さえられていないように感じます。

皆さんはオフェンスのパターンを映像などで教え、分解ドリルをしていると思います。でもこのパターンを形成しているのは一つひとつのドリブルであったり、パス、ストップやボールを持っていないときの動き出しです。指導者はこうした動きをもっと深く研究し、できれば小学校や中学校で指導していただきたいですね。もちろん1人の動きから3人ぐらいまでで、オンボールとオフボールくらいまでができているとよいでしょう。

繰り返しになりますが、高校のバスケットボールで使えるスキルの習得にはとても時間をかけていますし、時間がかかります。うちでは2メンや3メンで練習していますが、一見すると走る練習かもしれません。けれども一番の目的はピンポイントへのパスであり、怪我防止のためにディフェンスをつけずに多くの時間を費やします。最終的にはディフェンスをつけますが、極力この練習の時間を取るようにしています。

裏切られたら仕方がない。まずは選手を信じる

―周りから選手獲得を反対されたエピソード―

選手の性格に気づけなければこの選手はどうなっていたのだろう

3年間腹いっぱいバスケットをした選手たちはたくさん記憶に残っていますが、例えば土居光（東京八王子ビートレインズ）。彼の顧問の先生から「将来性がある選手がいます」と言われた選手です。ところが他の中学の校長先生や仲間の先生方から「あの子はお前でも難しいぞ」と忠告されました。素行がよくないと言うのです。しかしながら顧問の先生は「この子は将来性がある」と言われているわけです。そこで、その先生と一緒に会ってみることにしました。「君は、3年間頑張れるかな?」と聞くと「僕はNBA選手になりたい」と言うわけです。「心を入れ替えて頑張ります」と。「わかった」と彼のプレーを見る前に「うちにおいで」と言ってしまいました。

彼が2年生のとき、バスケは上手いのですが、なぜか気持ちが続かないようなプレーをしていました。

僕も何かとよくしようと思い、とにかく怒って怒鳴り散らしたのです。「こいつは怒ることでよくなるだろう」という僕の思い込みでしたが、スターターになった3年生の7月頃まで怒り続けていました。

あるときに、いつものように「何だ、その態度は」「練習から外れろ」「チーム練習にならない」と言ってコートから出しました。いつもはそのまま練習には入れず、練習後にまた説教をしていました。そのときは、一度練習から外したものの、何の小言も言わず練習に戻すことにすると、人が変わったような素晴らしい態度でプレーしたのです。「あれ？怒ればいいと思っていたけど、怒り続けたことがまずかったんだ」と反省しました。そしてこの日以降は一度も怒りませんでした。すると8月のインターハイで優勝するわけです。２０１６年のことで、同級生には、重冨友希（山口パッツファイブ）と重冨周希（湘南ユナイテッドＢＣ）が、１年生には松崎裕樹（横浜ビー・コルセアーズ）がいました。10何年かぶりの優勝でした。その後、光はプロの道に進めたらよいと思っていました。大学進学には様々な問題もありましたし。すると日体大の先生から「井手口先生、光、うちにダメですか？」と連絡があり、「光、大学に進学するか？」と話すと「先生、俺は大学ではなく、プロがいいって言ってただろう」。「確かにお前は勉強が好きではないけど、先生のほうから来てほしいって言ってるんだよ。これはチャンスじゃないか？」と。しばらく考えた光は大学進学を決めたのです。大学にもいろいろご迷惑をかけたと思いますが、キャプテンまで務めました。

光たちが引退した後の1月からは、自宅学習や車の免許取得があるため誰も練習に来なくなるのが普通です。ところがあれだけ僕を嫌っていたはずの光が、日体大に行くその日の朝まで練習に来ていました。大学に進学してからインカレを見にいったことがありますが、彼は僕の手を握り「先生、絶対に勝つけん」と言って離しませんでした。

人間誰しも若気の至りがあるものです。それがあっても当たり前ですし、何かのきっかけで変わってくれればよいですし、光にとってはそれがバスケットボールだったのでしょう。

指導者として駆け出しの頃は、バスケ部の子が悪さをすると先生たちから「おまえは指導もできないのか」「なんだバスケ部は」と言われるのが嫌で、言われないために選手たちを押さえつけるような指導をしていました。その流れで選手たちに休みを与えると悪さをするだろうから、休みもできるだけないほうがいいだろうと、ほぼ毎日を練習日にしました。とにかくがんじがらめにしていたのです。解き放つことが怖かったのですね。

がんじがらめの指導からの脱却
―デイブ・ヤナイさんとの出会い―

選手たちが恋をした顔で見つめていたデイブさん

指導の転機を振り返ると、やはり2000年にロサンゼルスのデイブ・ヤナイ（※）さんと会ったことですね。三井秀機というエースをはじめ何人かの選手も連れて2週間ぐらいいました。そこでデイブさんに指導をしてもらったのですが、選手たちが日に日に変わっていくのを目の当たりにするわけです。僕がどれだけやかましく言ってもプイっとされたり、「へぇ」という選手たちが、おじいちゃんコーチであるデイブさんに恋している顔で接するのです。嫉妬しましたね。

これはよく話すエピソードですが、最終日にカリフォルニアで一番強い高校と練習試合をさせてもらうことになりました。こちらはまったく歯が立たない。先ほどの三井がスティールをされても戻らなくなりました。心が折れてしまったのです。そうしたらデイブさんがタイムアウトを取りました。きっと怒るのだろうなと思ってみていると、「三井、あなたはいい選手。いい選手はどうしますか？ミスしたらどうしますか？　しっかり戻って」と、たどたどしい日本語で話しかけたのです。そうしたら殴っても泣かないような三井が涙を流し、相手選手に向かっていきました。ディフェンスというよりも相手を捕まえるようなファウルでしたが、僕も心を奪われ、デイブさんに彼女を奪われた気持ちになりました。「言葉の力」や選手をよく見ること。それを学んだ時間でした。

その後デイブさんが日本に来てくださるようになるのですが、1年生で竹野修平という選手が入ってきました。「いい子が入ってよかったね」と言われ、その年は帰国されました。その間に竹野の素行に問題があり、干していた時期があります。その間にまた来日したデイブさん。竹野がいないことは見ればわかりますが何も言いません。そして帰国間近になったある日、僕に「井手口さん、しゅうへいを辞めさせないでくれてありがとう」というわけです。僕が竹野を首にしていないことも、何らかの理由があって練習をさせていないことも見抜いていたのです。保護者にも言われたことのない一言でした。「ああ、こうやって言葉の力で人を前に進めることができるんだ」「叩いたり怒鳴ったりという指導はもう必要ないのかな」と当時思い直しました。

その後、僕は選手との距離を縮めようとして選手と同じTシャツを着て練習に臨むようになりました。それまではこっぱずかしかったのですが、よく考えたら野球は監督も選手も同じユニフォームです。今では同じ格好をしていないほうが気持ち悪くて。自分にとって大きな転機となる出会いでした。

※ 米国の大学バスケットボール界で権威のある賞の一つとされるジョン・ウッデン賞。その部門の一つに、長年に渡るコーチングの成果をたたえる「コーチングレジェンド賞」がある。名実ともにレジェンドと呼ぶにふさわしい業績を残したコーチが顕彰されるのだが、2020-21年、この賞を受賞したほどの名コーチがデイブ・ヤナイ氏である。

選手たちと同じスタート時間に体育館にいる

―練習へのこだわり―

スタートラインに遅れたら短時間で練習を終える

体育館に来て着替えをし、練習が始まるこの時間を選手たちと迎えること。これが一番大事だと思っています。教員としてペーペーの頃は、いろいろな仕事があるわけです。教員としての仕事もそれに付随する雑用もあります。それに、ホームルームが終わって職員室に戻り、先生たちとコーヒーを飲みながらその日の出来事を話す時間は、子どもたちを帰してホッとできる大事な時間です。とても居心地のよい時間です。ところが普通にこのように過ごしていると、体育館に行く頃には選手たちはアップを終え、練習に入ろうとしています。これがダメで、選手と一緒に練習をスタートするという入り口が上手くいけば、その日の練習は上手くいきます。ところが僕がスタートに遅れると、何をしてもダメです。若い頃はその遅れをリカバリーしようとして、練習時間を長くしたり、止めて指導する時間を増やしたりしましたが、結局雰囲気が悪くなり、時間ばかりが過ぎて「今日はもう帰れ」となります。

これがスタートから一緒にいることで何が起こるかというと、選手たちの本音は「アップはそこそこにして、すぐにでもボールを触りたい」わけです。なんならアップの時間はないほうがよいくらいです。ところが僕がいると、しっかりとアップをする必要があります。それがその日の選手たちのプレーに如実に表れます。ですから今では同じスタートラインに立てなかった日は、より短時間で練習を切り上げます。料理でいえばその日の仕込みに失敗したわけですから、お客さんに食べさせるわけにはいきません。「はい、今日は終わり」といって、適度なところで練習を止めるようにしています。

そのためにしたことは、朝は30分早く学校に来て仕事を終わらせたことです。ホームルームが終わると、すぐに職員室を出て体育館に行くようにしたことです。僕が学年主任をしていたときは、他の先生からすると僕に相談したい事案もあったでしょう。けれども私が行動を変えたことで、朝に来て相談すればいいと思ってもらえました。「放課後に井手口はいない」。そう思っていただけたことで、選手たちとスタートラインを揃えられる頻度が高くなりました。

3年生の担任時は、3年生を誰よりも早く体育館に行かせ、練習の準備をさせます。3年生がモップがけをし、1年生が遅れてきて「すみません」と言うと、3年生は「いいよ、いいよ」と答えて準備を続けます。こうしたこともスタート時間を揃えることで生まれる好循環だと思っています。

これから歩む道
―30年以上の指導の先―

福岡第一のバスケの流れを継続させていきたい

実は昨年、60歳を迎えたことを機に、福岡第一での指導から退こうかと考えていました。ところが今年は福岡でインターハイが開催されることも分かっていましたから、それを前にして終わることは難しいかなとの思いもあり、もう少し続けることにしました。今の高校1年生までは僕がリクルートしてきた選手ですから、その子たちを最後まで見届ける必要がある気持ちもあります。一方で教え子の原田裕作先生が帰ってきてくれ、頑張っている今が譲るタイミングかとも考えています。あと3年間やることがベストだとは思いますが、裕作先生がそれまで我慢してくれるかも心配です（笑）。ここで指導者人生に幕を引くのもありかと思いますし、来年にS級ライセンスを取れば他の選択肢も出てくるのかなとも思います。

もしも退くと口にしたら、口に出した以上は一切ベンチに座りませんし、練習にも来なくなるかもしれません。そうでなければ裕作先生もやりたいチーム作りができないでしょう。能代工業高校バスケットボール部の礎を築いた名将である加藤廣志先生は、後任の加藤三彦さんから「練習に来ないでほしい」と言われ、それでも練習を見たくて土手の上から体育館を見ていたと言います。一緒にベンチに入り、横からあれこれ言われることは、本当に嫌だと思います。裕作先生が来てくれなければ佐藤久夫先生のように生涯とも思っていましたが、来てくれましたからね。

それに久夫先生や日体大同期の富樫先生は、途中でリセットができています。久夫先生は仙台高校から明成高校（現仙台大学附属明成高校）、富樫先生は新発田市立本丸中学校から開志国際高校。それを考えると一つの高校で30年は長いとも感じます。

今は学園内の大学も強くなってきました。福岡第一高等学校は野球部がメインの部活動でしたが、バスケットボールがNo.1スポーツのような感じになりました。僕がいなくなったら終わりではなく、この流れをうまく継続させたいと思っています。まだいろいろと考えているところですので、どうなっているのかは今の時点ではまったくわかりませんが。

福岡第一
練習ドリル

01

スライドドリル

本校出身のプレーヤーには、現在注目されている河村勇輝がいます。彼は福岡第一の象徴的なプレーヤーと言えます。福岡第一には彼のように比較的身長が低いプレーヤーが多く、代名詞でもあるプレスディフェンスは、この比較的身長の低いガードによるボールマンディフェンスが鍵となります。

福岡第一のガードはボールマンにプレッシャーをかけ、ボールマンが進めばコースに入り込んで方向を変えさせ、再びコースに入り、さらに方向を変えさせます。この動きによってオフェンス側はパニックとなり、高い位置でドリブルを止めたり、スティールしたりすることができます。

意図的にボールマンにドリブルをさせてコースに入り込み、3度の方向変換を強い、パニック状態に陥れます。このプレーでは進行方向が予測できるため、たやすくコースに入り込めます。3回目の方向変換をさせた後は積極的にスティールも狙います。スティールを狙わないディフェンスをするチームも多いのですが、身長の低いガードが多い本校が強豪校と戦うためには、高い機動力を最大限に活かしたディフェンスが武器となります。そのため、本校のディフェンスでは積極的にドリブルスティールも狙っていきます。

Step 1

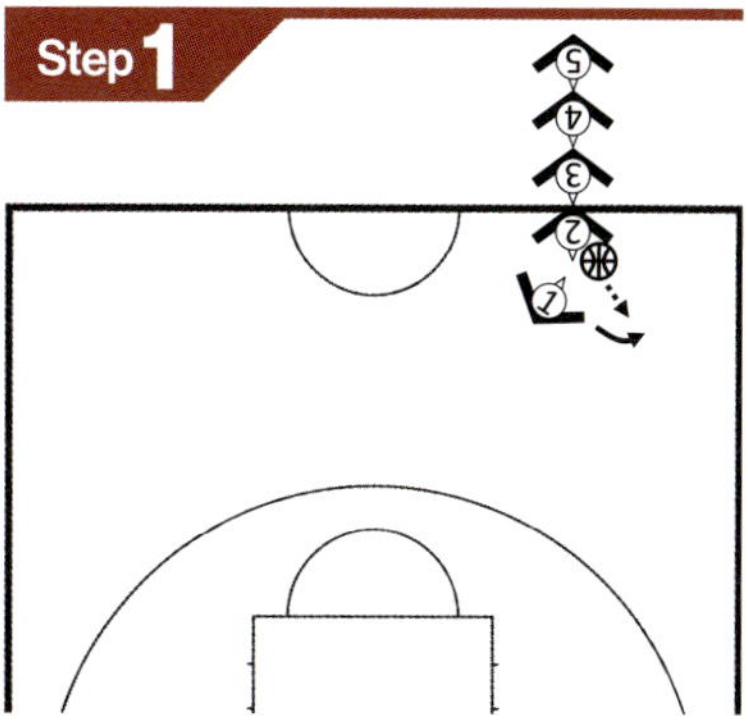

ボールマンがサイドライン付近のセンターラインに立ち、ディフェンスがマッチアップします。ボールマンの後ろには次のオフェンスが並びます。ディフェンスはボールマンに対してシフトし、一方向へのドリブルを促します。

Step 2

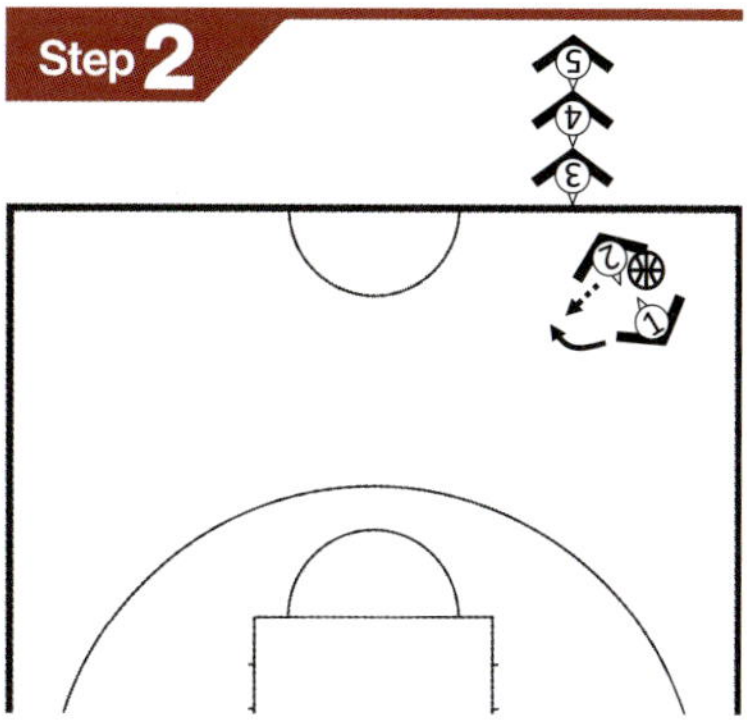

ボールマンがシフトした方向へとドリブルを開始したら、すかさずコースに入り、先ほどとは逆の方向へのドリブルを促します。

Step 3

ボールマンに3回ドリブルチェンジをさせます。

Step 4

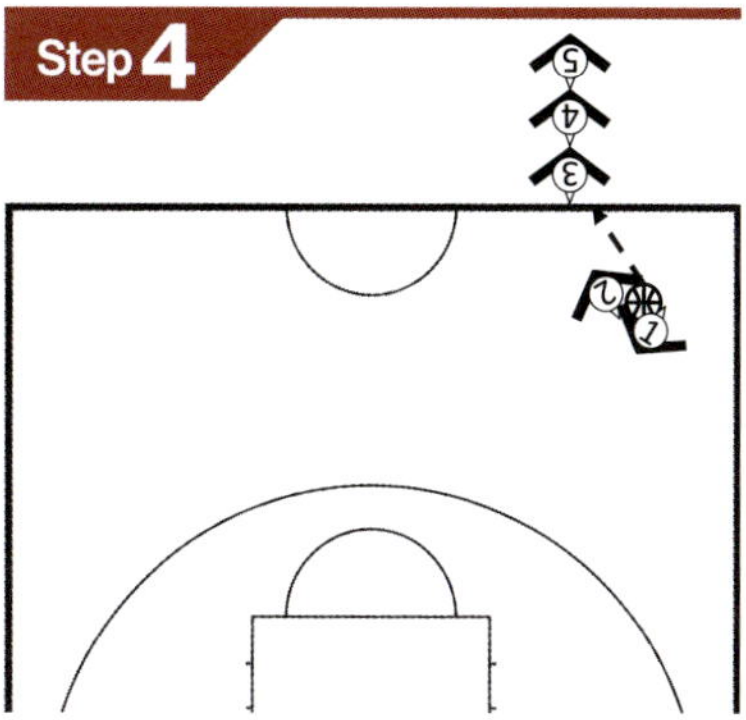

ドリブルチェンジを3回させた後、ディフェンスは積極的にスティールを狙います。またボールマンとの間合いを一気に詰め、ドリブルを止めさせてもOKです。スティールするか、ドリブルを止めてピボットを踏んだら、次のオフェンスにボールを渡します。ボールマンだったプレーヤーがディフェンスになり、ドリルを継続します。

福岡第一
練習ドリル
02

ディナイディフェンス

本校では、オフボールマンへのディナイディフェンスでも、常にボールを守ることを意識します。オフボールマンが移動するとマッチアップするディフェンスがこのプレーヤーだけに集中しがちで、ボールマンを視野から外してしまうことがあります。そのタイミングでボールマンがドライブをし、マッチアップする味方が抜かれると、ヘルプディフェンスができません。この局面でオフボールマンとマッチアップしているディフェンスには、一旦離れてボールマンによるアタックの阻止が求められます。オフボールマンがどれだけ素早く動いても、常にボールマンを視野に収めておくことが重要です。

また、トップにボールマン、ウィングにオフボールマンの状況から、オフボールマンがゴール下を通過して逆サイドのウィングに移動する場合、オフボールマンをマッチアップするディフェンスには2つの守り方があります。それは、①ベースラインに身体の正面を向けたままついていく、②一度センターラインに身体の正面を向ける、になります。①はオフボールマンを常に視野に収められますが、ボールマンから目を離す瞬間ができます。一方で②は、ボールマンを常に視野に収められますが、オフボールマンから目を離す瞬間ができます。それぞれメリットとデメリットがありますが、本校では「ボールを5人で守る」ことをテーマにしているため、②を選択しています。

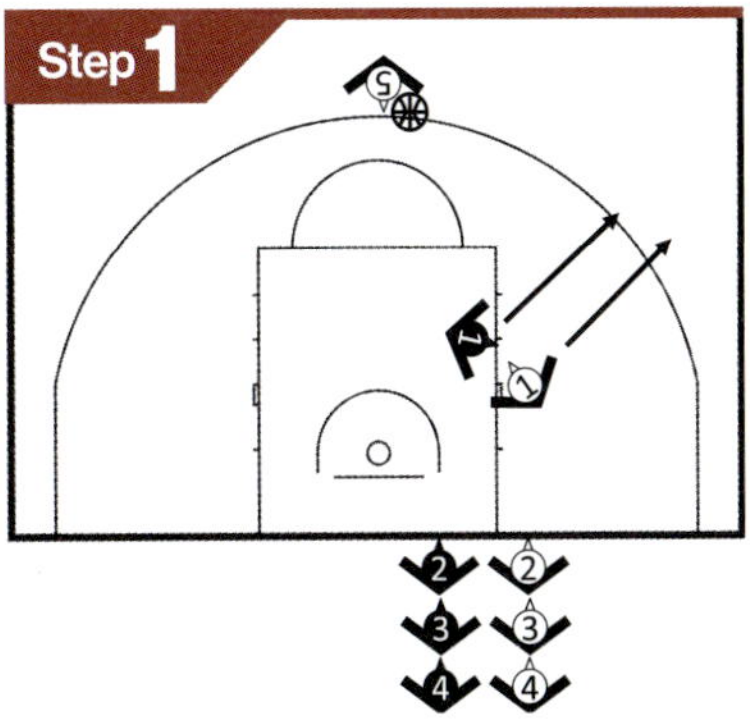

トップにボールマン、左のローポストにオフボールマン、オフボールマンにディフェンスがマッチアップします。左ショートコーナーのベースラインにオフボールマンとディフェンスが並びます。オフボールマンがボールマンからパスを受けるように左ウィングに飛び出し、ディフェンスはその動きに合わせ、パスコースに手を伸ばしてディナイディフェンスをします。

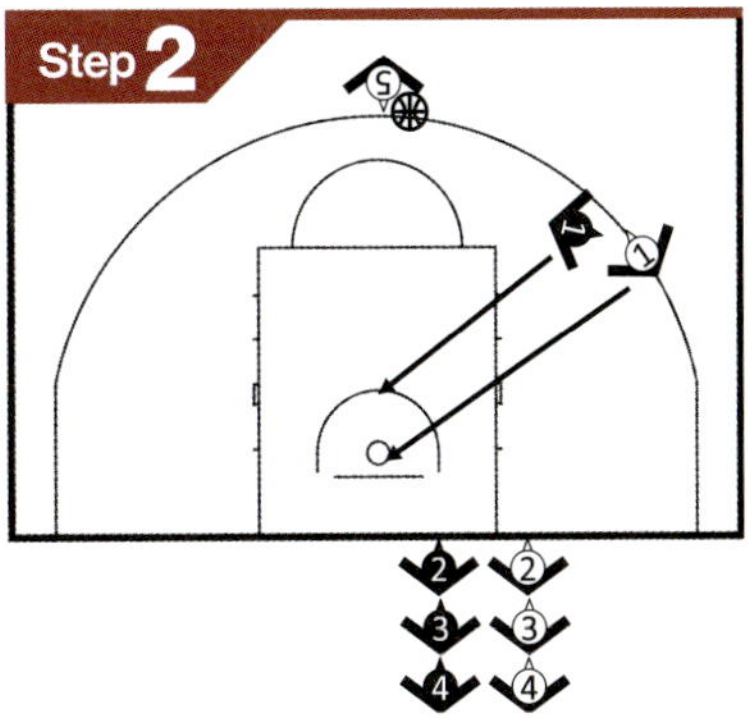

オフボールマンは飛び出した後、ローポストに戻ります。ディフェンスもその動きに合わせてローポストに戻ります。

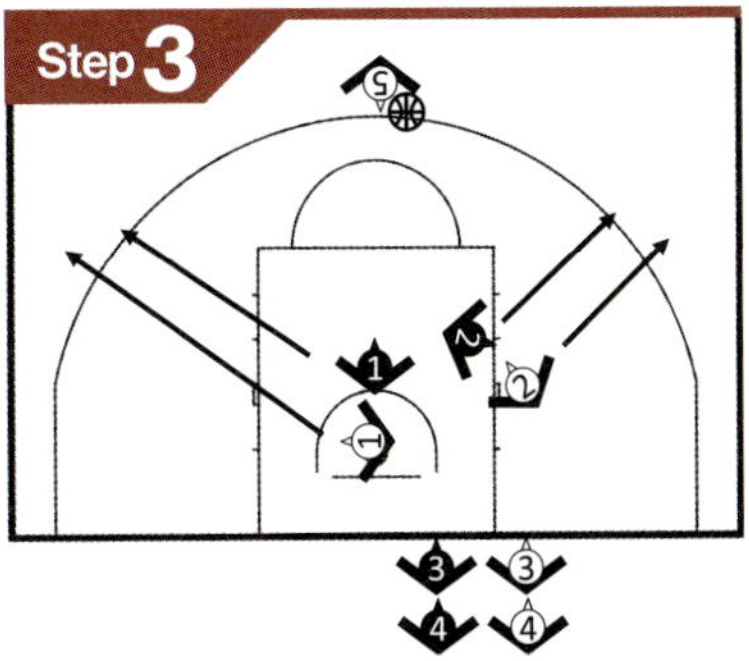

ローポストに戻ったオフボールマンは、再び左ウィングに飛び出し、ディフェンスも再びディナイディフェンスをします。この飛び出しを3回行った後、オフボールマンはゴール下を通過して、ボールマンからパスを受けるように右ウィングに飛び出します。その動きに合わせてディフェンスも移動しますが、オフボールマンがゴール下を通過する局面では、一度センターラインに身体の正面を向け、再びディナイディフェンスの姿勢に戻ります。

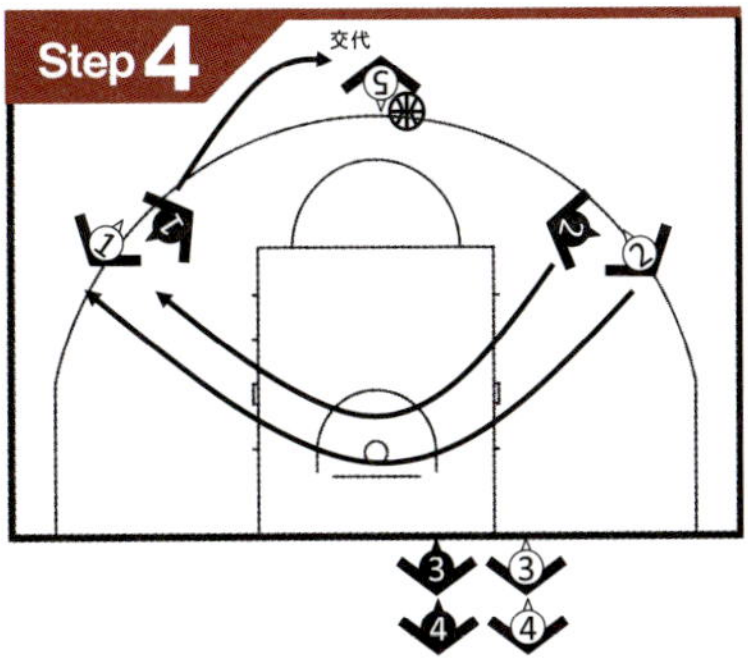

右サイドでも左サイドと同様に3回の飛び出しとディナイディフェンスを繰り返します。空いた左サイドには並んでいた次のペアが入ります。右サイドでディナイディフェンスを終えたディフェンスは、ボールマンと交代します。

福岡第一
練習ドリル
03

ボールアタックドリル

本校では強豪校のシューターに対して、「クローズアウト」では不十分だと考えています。「クローズアウト」とは、ディフェンスがボールマンとの間合いを詰めるプレーを指しますが、対戦する強豪校のシューターは、単に間合いを詰めても3ポイントショットを決めてきます。また、近年はゲーム数が増加し、シューターたちは毎週のように厳しいクローズアウトを受けています。つまり、強豪校のシューターにとってクローズアウトは、日常的なディフェンスになっています。よって本校がシューターに対してクローズアウトをしても、その状況に慣れているシューターにとって、心地よい環境を作り出してしまっている可能性があります。そのため、福岡第一にはクローズアウトとは異なる別の概念が必要になりました。

そこで本校が用いた別の概念とは、言葉にすると「ボールアタック」になります。シューターとマッチアップするディフェンスは、ボールに対して攻撃を仕掛けるのです。シューターがボールを保持した瞬間に、ボールに対して両手でプレッシャーをかけ、ショットモーションに入らせないようにします。福岡第一の用いる「ボールアタック」は、ショットモーションにすら入らせないようにします。つまり「ワンアーム」や「ハーフアーム」といった間合いまで詰める「クローズアウト」とは異なるプレーになるのです。

Step 1

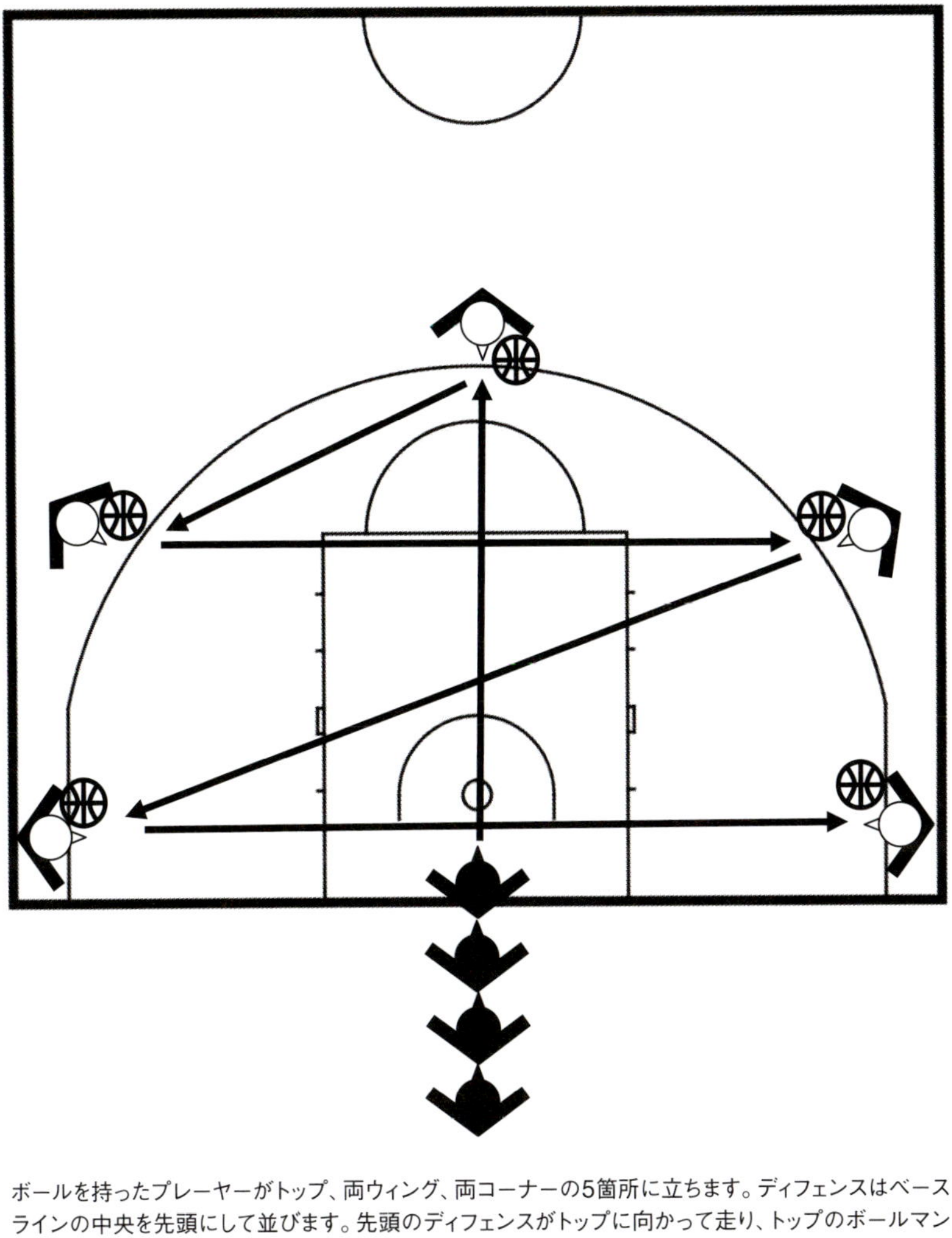

ボールを持ったプレーヤーがトップ、両ウィング、両コーナーの5箇所に立ちます。ディフェンスはベースラインの中央を先頭にして並びます。先頭のディフェンスがトップに向かって走り、トップのボールマンにボールアタックをします。ボールマンはボールを動かし、ディフェンスにステップを踏ませます。ディフェンスはボールマンがボールを動かしても、ボールに合わせて移動し、ボールアタックをし続けます。ディフェンスはトップでボールアタックをした後、右ウィング、左ウィング、右コーナー、左コーナーへと移動し、ボールアタックを5回行います。並んでいるディフェンスは、前のディフェンスがトップから右ウィングに移動したらスタートします。5箇所でのボールアタックを終えたディフェンスは、ボールマンと交代し、ボールマンだったプレーヤーはディフェンスの列に並びます。

2on2エマージェンシー&スクランブル

74ページで紹介したボールアタックですが、シューターとディフェンスの距離が極端に短くなります。このことは、ディフェンスがオフェンスよりもゴール側に位置するというディフェンスの有利性が極端に小さくなることを意味します。したがって、シューターは少しの移動でドライブラインからディフェンスを外し、簡単にドライブができます。

そこで本校ではボールアタックをしたディフェンスを、オフボールマンとマッチアップするディフェンスがカバーします。カバーするディフェンスはオープンスタンスでスタントし、ドライブするスペースを潰します。さらに、逆サイドのオフボールマンとマッチアップするディフェンスはミドルラインまで寄り、ヘルプディフェンスに備えます。

福岡第一は、相手ボールをペイント内に入れさせないことを心がけるため、ミドルラインで備えているディフェンスはボールマンがペイントに入る前に飛び出し、ペイントエリアへの侵入を阻止します。しかしペイント内への侵入前に、ボールマンディフェンスがポジションを回復できれば、逆サイドがノーマークになるためヘルプディフェンスは行いません。ドライブによるボールマンの移動に合わせてディフェンスポジションを変更するだけです。ミドルラインで備えているディフェンスには、ヘルプに向かうか、ドライブに合わせてポジションを変更するかの判断が求められるのです。

Step 1

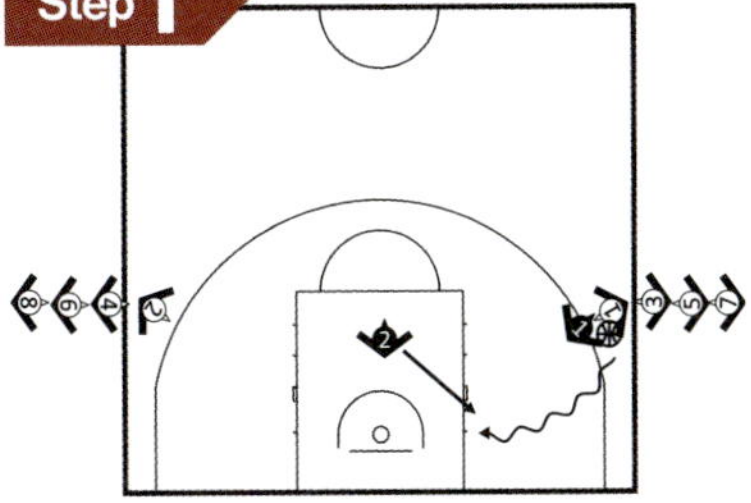

両ウィングにオフェンスが位置し、一方がボールを持ちます。それぞれのオフェンスにディフェンスがマッチアップします。ボールマンとマッチアップするディフェンスはボールアタックの状態です。オフボールマンとマッチアップするディフェンスはミドルラインに位置します。両ウィングのオフェンスの後ろには次のオフェンスが並びます。ボールマンがペイントに向かってドライブします。ドライブはベースラインドライブでもミドルドライブでも構いません。ディフェンスはボールマンをペイント内に侵入させないように努めます。

Step 2

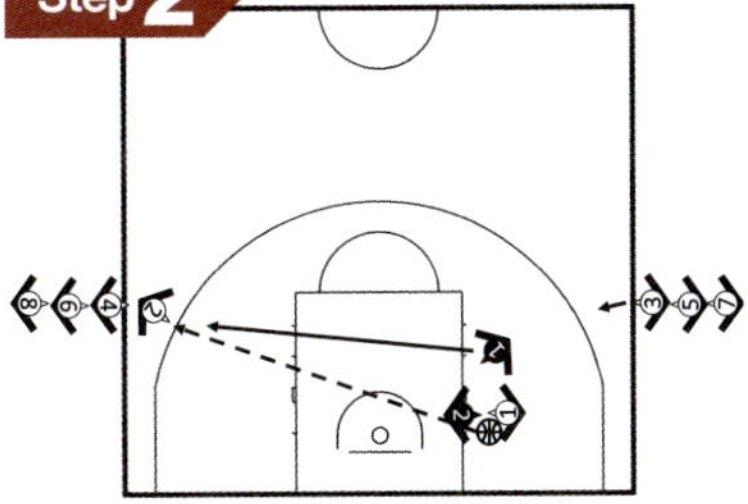

ミドルラインでヘルプディフェンスに備えているディフェンスは、ボールマンとマッチアップするディフェンスの状況から、ヘルプディフェンスをするか、しないかの判断をします。ヘルプディフェンスをする場合はスイッチをし、ボールマンとマッチアップしていたディフェンスは、逆サイドのオフボールマンにマッチアップします。ボールマンがペイントへ侵入する前に、ディフェンスポジションを回復した場合は、ヘルプディフェンスを実行しません。ドライブを阻止されたボールマンは逆サイドのオフボールマンにパスを出し、逆サイドのオフェンスの列に並びます。

Step 3

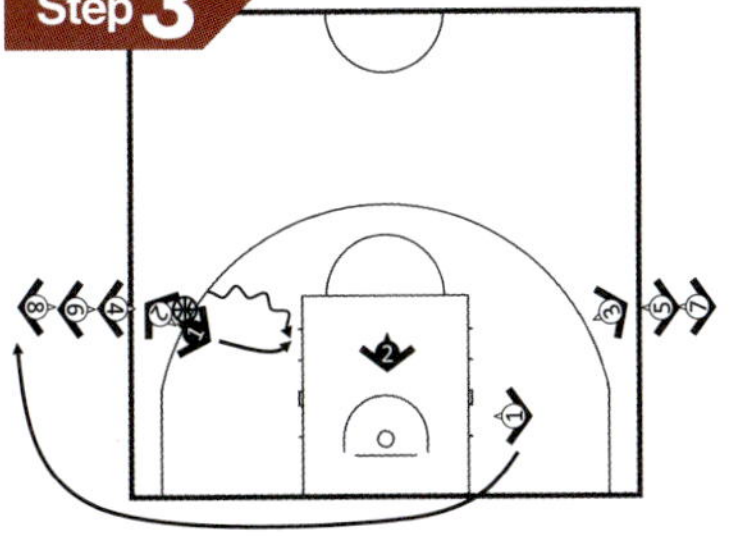

ボールマンがドライブをした時点で、ボールマンの次に並んでいるオフェンスがコート内に入ります。パスを受けたオフェンスにマッチアップするディフェンスはボールアタックをします。もう一方のディフェンスは新たにコートに入ってきたオフェンスとマッチアップし、ミドルライン上でヘルプディフェンスに備えます。パスを受けたオフェンスはベースラインドライブもしくはミドルドライブをします。

Step 4

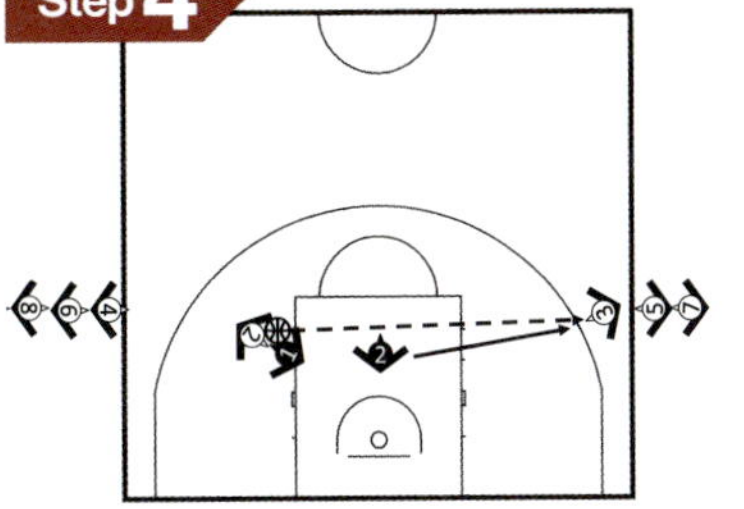

ドライブを阻止されたら逆サイドのオフボールマンにパスを出します。パスを出したオフェンスは逆サイドのオフェンスの列に並びます。このようにしてドライブを6回繰り返して終えます。

井手口 孝

Takashi Ideguchi

戦績

福岡第一高等学校
インターハイ 優勝5回
国民スポーツ大会(旧:国民体育大会) 優勝6回
ウインターカップ 優勝5回
U18トップリーグ 優勝1回

主な卒業生

河村勇輝、遥天翼、並里成、狩野祐介、古野拓巳、鮄誠司、渡辺竜之佑、秋山皓太、重冨友希、重冨周希、井手拓実、井手優希、松崎裕樹、小川麻斗、内尾聡理、神田壮一郎など

PART 4

開志国際高等学校

富樫英樹

学生時代はPGとして過ごし、卒業後は中学校の教員となる。教員として、新発田市立本丸中学校などで26年間監督を務める。公立中学校を全国大会常連校へと押し上げ、2度の日本一へと導く。2014年には、開学した開志国際高校バスケットボール部の監督に就任。女子は、わずか2か月、1年生だけでインターハイ出場権を獲得。男子は2016年にインターハイに出場しベスト8、創部5年目の2018年には全国制覇を成し遂げる。日本代表PG・富樫勇樹選手（千葉ジェッツ）の父でもある。日本体育大学卒、元U16日本代表ヘッドコーチ。

Hideki Togashi

バスケットボールのスキルは次でいい
―指導者としての軸―

なんのためにプレーするかというと自分たちのため

選手たちを見るときに大事にしていることは、①人間性（性格）、②学習能力（理解力）、そして3番目にバスケットボールの技術や理解度ですね。ですから選手たちには、「特に試合で活躍しなくも、毎日の練習で手を抜かず、きちんとやってくれたらそれでいいよ」と思いながら接しています。試合に勝ったり負けたりは勝負事なので当たり前で、勝ち負けではなく、とにかく毎日、ちゃんと練習ができる選手が欲しいと思っています。けれどもこれが難しい。どの選手も試合で頑張ることはできますが、毎日の練習で頑張ることは、意外と大変なことです。

先ほど3つ挙げたうちの①人間性ですが、バスケットボールはチームプレーです。そこにこの人間性が大きく影響します。私も60歳を越えましたから、選手を見れば人間性がだいたいわかるようになってきました。立ち姿や顔つきに表れます。私は「俺が」「俺が」という選手はあまり好きではありません。

仲間の気持ちが理解できる選手になってほしいのです。それが体現されているのがBチームの3年生たち。全国大会ではユニフォームを着ることができない彼らが、練習で最後まで一切手を抜かずにプレーしています。ここしばらくは優勝していませんが、優勝したら彼らに「お前たちよかったぞ」「最後までよく頑張った」と伝えたいと思っています。ここで言ってしまいましたが。

②の学習能力は私が中学校の教員だったから見ることかもしれませんが、理解力とも表現できます。「なぜこの練習をしているのか」「なぜこのプレーが大切なのか」を理解できる選手は伸びます。高校生の指導をするようになってすぐに、公式戦で新潟高等学校と当たりました。結果はこちらが100点。相手はその半分くらいの得点で開志国際が勝ったのですが、試合終了後に相手の選手たちがえらい喜んで、盛り上がっていたのです。「そうだよな、バスケットボールは誰のためにやるのかっていったら、自分たちのためだよな」と改めて思わせてくれるシーンでした。そして、そのためにはやっぱりある程度の理解力が必要になるなと感じたのです。決して学習能力や理解力がない子がダメということではありません。みんなそれぞれのよさがありますので。けれどもあえて何を大事にするかと聞かれたらこの2つで、3つ目がバスケット。バスケットは次でいいのです。

オフボールの選手が賢ければすべてがよいほうに動く

―選手育成で大切にしていること―

オフボールとオフコートでの考えや振る舞いが大切

やはり人の気持ちがわからないとダメですね。「一番重視しているのはオフボールでありオフコート」ということです。バスケットボールの試合でボールを持っている選手は、誰だって頑張るものですし、自分から相手にボールを渡す選手はいないわけです。ボールを持っている選手は頑張るに決まっています。だからボールを持っていない残りの4人。この選手たちがチームのためにどのように動くのかが大事なのです。オフボールの選手たちが賢ければ賢いほどバスケットボールが楽しくなるし、上手くなります。そう考えるとベンチもオフボール、ギャラリーもオフボール、学校もオフボール、寮生活もオフボール、街に遊びに出たときもオフボール。だから「オフボールをきちんとやろうね」と言います。

バスケットボールの技術についても、もちろん言います。ですが、選手たちは自主練習をして自分たちで身につけています。だから開志国際は自主練の時間を長く取っています。男女で練習のコートが一面ってどうかと思うこともありますが、その練習環境で男女ともにインターハイに出ています。これはすごいことだと思いませんか？（笑）

話を戻して……。「人の気持ちがわかる」については、選手たちにまずは「隣の選手の気持ちがわかるようになればいいよ」と言っています。「今この選手は苦しんでいるんだな」「こういうプレーがしたいんだろうな」が分かれば十分なので、何でもかんでも気づけるような視野の広さまでは求めていません。まずは「感じる」ことが大切です。日本体育大学卒業の私ですが、指導では怒らないようにしています。我々が学生の頃は「なんでもあり全盛期」でしたから、その指導を踏襲しなかったかと言ったらあれですが、あるとき突然指導方針を変えました。それも一晩で。当時の選手が今ではチームのアシスタントコーチをしてくれていますが、彼らにしたら一夜で変わった私の指導や言葉遣いに「逆に怖かったです」「気味が悪かったです」と言うくらいです。そこには息子の存在があったのでしょうね。彼は高校時代にアメリカに行っていますから、アメリカの話を少しずつ聞くわけです。練習時間や指導のあり方とか。そして「開志国際は新設校だから歴史やこれまでの伝統なんてものはない」「絶対に他の指導者がやっていないことをやろう」と思うようになったのです。

過去と他人は変えられない。自分が変われば未来が変わる

私が好きな言葉に「過去と他人は変えられないが、自分が変われば未来が変わる」というフレーズがあります。まさにこのとおりで、選手たちにしたら私に「人の気持ちがわかるようになれ」と言われても変われるものではありません。自分で気づき、そこで変わろうと思えなければ変わることはできません。

こうした指導に変えてから、しばらくは勝てませんでした。リクルートの際には「もっと能力のある選手を取ったら？」などと言われたりしましたが、自分のポリシーを貫くようにしました。1年のなかで新しく入る10人の選手選考が一番大変です。けれどもその際に、自分の軸やポリシーがぶれないことを大切にしています。

ありがたいことに毎年たくさんの希望者から応募がありますが、私の考えを知ってくれていますから、「あの人数から選んでもらえた」と喜ぶ新入生が増えてきました。チームとしての雰囲気もいいですし、私が大嫌いだった、大学のような理不尽な上下関係もないですし。馴れ馴れしくもないですし、選手たちは普通に接しながら生活をしています。この普通がいいことだと思っています。

Hideki Togashi

03

明日やろうと言う人に成功者はなし
―指導者として大切な考え方―

選手とは平等であり、同じ目線であれ

選手たちの関わりで気をつけていることは、平等であることと、一緒の目線でものを見ること。教員はみんな同じようなことを言いますけど、私は荒れている中学校に赴任することが多かったので、そこでの経験や勉強が大きかったのでしょうね。当時学んだことは、バスケットボールのことではなく、人間として自分が変わらなければダメだということでした。根本が変わらなければ言葉尻に出ますし。

今回の取材で「『平等に接する』は言葉にすると簡単でも実践することは難しくないか？」と聞かれましたが、基本的に人が好きなのです。35、6歳の出来事ですが、私は学年朝礼で「俺は嫌いな子がいない」と言いました。今は教員として本校にいる教え子が、当時は「嘘だろう」と思ったそうです。けれども今までの私を見続けていて、「本当にそうなんだな」と思い直したそうです。おそらく、無意識で

すが人のよいところを見ようとしているのでしょう。当然相手の嫌なところも見えますが、先ほど述べたように「他人は変えられない」のですから、こちらが「どのように付き合うか」しかありません。

振り返ると、私のバスケットボールの考え方や理論の9割を形成してくれたターニングポイントとなる出来事がありました。私が卒業した日本体育大学は、当時大学ナンバー1のチームです。選手たちはタレント揃いで、強靱なフィジカルを持ったうえで「走る」「シュート」「守る」とシンプルだけど強烈なバスケットボールをしていました。バスケットボールの指導がしたいという理由で日体大に進んだ私ですが、そこでは選手のフィジカルもやっているバスケットボールも、中学や高校で真似する指導法ではありませんでした。結局教員になって1年半が経ち「俺はバスケットボールを知らないな」と身につまされたのです。

当時の新潟県には、新潟県立高田北城高等学校の女子バスケットボール部を強くした滝川恵右先生がいました。ある日、滝川先生が私のチームにいる選手を見に来られたのですが、私の指導を見て「お前、なんの練習をしているんだ？」とおっしゃったのです。当時は日体大時代の練習をやらせていたのですが、滝川先生に「なんでそれをやっているんだ？」「どのシチュエーションで使うんだ？」と聞かれたものの、答えられませんでした。大学での経験を踏襲した指導で、自分で考えて組み立てたものではなかったからです。そこで先生が「俺が練習させていいか？」と言ってくださり、選手たちにチェストパスを教えはじめたのです。それまでは恥ずかしながら、チェストパスの指導などしたことがありませんでした。滝川先生はさらに、胸から胸ではなく、足を使うことであったり、重心移動の大切さであったりと、細かく、そしてわかりやすく選手たちに伝えてくれたのです。まさに驚きで「脳天から杭」でした。自分の無知を知り、変わる必要性を痛感したのです。そこからバスケットボールを勉強しました。当時で1本数千円はする指導法のビデオテープを山ほど購入し、勉強したのです。

その当時、滝川先生は高田商業高校に勤務していました。そこで「もう一度見てもらいたい」と考え、滝川先生のもとを訪ねました。そのチームの練習に選手たちを連れて行くと、目の前で「ファストブレイク」が繰り広げられたのです。ドリブルがないそのプレースタイルは衝撃でした。

その頃、それまで乗っていた4人乗りの車から、7人乗りのワゴン車に買い換えました。より多くの選手を連れて高田商業に通うためです。そして滝川先生のもとに通い、今でいうファンダメンタルを中心に教えてもらいました。ビデオには映っていないシーンでの選手の動きやプレーも滝川先生に教わりました。よく通ったものです。そして女子バスケットボール部を率いて3年目に新潟県大会で優勝するのですが、決勝戦も滝川先生との忘れられない出来事がありました。対戦相手とは練習試合で当たり、20点ほどの差をつけて勝ったことがありました。私にもどこか慢心があったのかもしれません。試合会場が滝川先生の地元の上越だったこともあり、先生が見に来てくれていました。そして決勝戦前に「富樫、ちょっとコーヒーを飲みに行こう」と誘ってくれたのです。その席で滝川先生は「富樫、決勝の試合は僅差で競るぞ。そのつもりで手を打て」と言ったのです。練習試合で勝っていることもあって、僅差の想定はしていませんでしたが、このアドバイスで試合の準備ができました。そして決勝戦で勝つことができ、部を率いて3年目に県大会で優勝ができたのです。しかしこの後、もう少し大きな大会で勝てたら全国大会に出場できるところでした。けれども勝てずに全国大会出場はならず。この大会後、過去3年間の全国大会優勝チームに電話をして、練習させてもらうお願いをして出かけたりもしました。東京や埼玉を中心に、例のワゴン車で、半年で回らせてもらいました。

こうして思い出すと、思ったらすぐに行動できることと、一瞬にして自分の考えを変えられることが私の武器かもしれません。「明日やろうと言う人に成功者はいません」と言います。まだ県外遠征など誰もしていない時代にこうした行動に移せたこと。それが私のバスケ観を作り上げる土台になったのですから、やはり「すぐに動け」「今やれ」です。

Hideki Togashi

04

最後は情熱と行動力
―選手や保護者との接し方―

選手たちが一斉に退部、その裏で起きていたこと

赴任直後は市内の全12チーム中、たしか9位でした。当時の子たちに目標を尋ねると「地区大会に出たい」と。地区大会に出るためには、市内大会でベスト4に入る必要があります。しかも市内大会の時期は6月。チーム結成から2か月しかないわけです。けれどもこの市内大会で2位になり、地区大会に出ることができました。決勝では20点差で負けましたが、選手たちは笑いながら泣いている状態です。目標を達成できたので、それはそうですよね。けれども次の地区大会前になってもすでに目標を達成しているため、まったく練習に身が入りませんでした。そして大会ですぐに敗退。先ほどの県大会優勝はこの2年後の出来事ですが、結局地区大会ではこの年の2敗だけしかしませんでした。この頃を思い出しながら、「こちらも命がけ、選手も命がけ」な出来事を思い出します。

実はこの年に選手たちが私の指導に反発し、ほぼ全員が部を辞めると言ってきました。YouTubeにも出ていますので、有名な話です。先日は当時の選手たちが私の還暦祝いをしてくれたので、今では話せることですが。

ある年の夏休みに選手たちが辞めると言ってきて、保護者会が開かれたのです。私とすれば保護者の方々からお叱りを受けるのだろうと思うわけです。いずれにせよ、私はもうバスケットボールの指導は続けられないと覚悟していました。ところが辞めたはずの選手たちが戻ってきたのです。理由は保護者たちから「あの先生のもとでバスケを続けなさい」と言われたそうなのです。私の頭は完全に「?」でしたが、体育主任の先生に言われて真相を知りました。校長先生が全生徒の自宅を1件ずつ尋ね、私の指導方針や考えを伝えて謝罪してくれたのです。もちろん私にはそのことを一言も言わずに。このときは泣きましたね。「俺ってなんてバカなんだ」と。1年目からこのような経験ができたこと。これも私にとって忘れられない出来事です。

といいながら、この後にもう一度、選手たちが辞めようとしたことがあります。最初に赴任した江陽中学の2校後の赴任先である本丸中学校での出来事です。その年は1年生の優秀な選手が入部しました。私に「(試合に)勝ちたい」という気持ちが強く、1年生の選手を早くからベンチに入れることにしたのです。そうすると上級生でベンチに入れない選手が出てきます。この選手が異を唱えて退部すると言ってきたのです。結局この選手を説得し、それ以降は絶対に同学年だけでチームを作るようにしました。

いろいろな経験をしましたが、指導の最後は情熱や行動力かもしれません。誰かに「先生はわかりやすくていいよね。全部ド直球だし」と言われたことがあります。これは保護者の方々とのコミュニケーションに活きることです。

時代も時代でしたが、年上の保護者の方々と、食事をしたり話したりすることがまったく苦ではなかったのです。ウソも言わず、誰かの悪口やネガティブな話をすることもなく、保護者であっても自然体で接することができました。コロナを経てこうしたコミュニケーションの取り方はずいぶん少なくなりましたが、うわべだけの言葉で接しないことが大切です。

チーム内競争で今のチームと未来のチームを同時に育てる

―チーム作りへのこだわり―

何かをしていても他のことが気になる

チーム作りですが、大切にしていることは「チーム内競争」です。自分が基本としている「守って、走って、速い展開にする」というバスケットボールがしたいという思いはあります。けれども選手たちは毎年変わるわけですから、例えると料理人が作りたい料理よりも、冷蔵庫に入っているものでよりよい逸品を作るイメージでしょうか。ベースを大前提にしつつ、選手のよさをより活かせるチームを大切にします。

そのために実践していることとして、現在のチームを見つつ、未来のチームを見据えることがあります。1年生が即戦力になることはほぼありませんから、2年生と3年生の2学年。この学年の選手たちの個性をつかみながら、今年のチームを作りつつ、翌年のチームの育成も同時に行います。やはり新チームを作るには時間がかかりますので、少しでも早めにチーム作りに着手しておく必要があるからです。

もちろんある時期からは1年生が成長して戦力になりますから、どのようにチームに組み合わせていくかといった考え方の柔軟性を持つことも大切にしています。

私はこう見えても神経質のような気がします。教員ですから大人数で飲食する機会も多いのですが、30、40人で飲食をしていると何人かと話している間でも1人でいる先生が気になってしまいます。そして気になった先生と話しながら、他の先生の様子を見ている自分がいます。飲食会や職員会議で司会をすることが多いので、質問に即答しながら次に話を振る先生を指名するなど、複数のことを同時に実践しています。複数のことを頭のなかで同時進行させることが特技かもしれませんし、これが今と未来のチームを同時に見ることにつながるのだろうと思います。

話をチーム内競争に戻しますが、レギュラーメンバーを固定せずにどんどん入れ替えます。大会前はコンビネーションを磨くことが大切なため固定化しますが、それ以外の時期は常にメンバーが入れ替わります。選手にすればキツいでしょうね。入れ替わる理由をいちいち説明しませんので、選手たちは自分たちでなぜ入れ替わったのかに気づき、感じなければなりません。それができて努力をした選手だけが、再びメンバーに入ることができるのです。教え子たちはよく、この無言の入れ替えが一番怖かったと言っていますね。

忘れることは人間にとって優秀な能力
―キャプテンの決め方と選手の未来―

人生を100m走に例えると高校生はスタートラインに足をかけた段階

チームのまとめ役となるキャプテンの理想像は、リーダーシップを持ったガキ大将のような選手です。最近は時代なのか、なかなかこうしたリーダーシップを持った子がいないので、ある程度はプレーで決める傾向にあります。

中学生を指導していた頃、誰をキャプテンにするのかに迷った年がありました。結局はミニバスのキャプテンをしていた選手に決めたのですが、当時の選手たちと話すと「先生、ゲームに出ない選手がキャプテンというのはキツかったです」と言われます。ゲーム中、コートに頼れるリーダーがいないことは私たちが思っている以上にキツいようです。この話を聞くようになってからは、先ほど述べたようにプレー面で決める傾向が強くなりました。

先ほど、今のチームと未来のチームの話をしましたが、選手一人ひとりにも同じことが言えます。選手の親にもよく話しますが、「人生を100メートル走に例えると、高校生はまだスタートのブロックに足を当てている状態だよ」と。まだスタートを切っていないのです。つまり、これからなんとでもなりますし、これからの人生を歩むための本当の土台を作る時間です。試合での勝ち負けも大事ですが、見方を変えると通過点中の通過点と言えます。80年や100年生きるなかでの3年間で、バスケットボールを通じて「相手の気持ちがわかる」「誰かに貢献できる」ような人間になってもらいたいと思って接しています。それが「自分で気づけ」「自分で考えろ」ということです。

少し話は変わりますが、もう一つ私の特技を紹介します。それは忘れること(笑)。私の能力の一つに、1年間の試合や部のスケジュールがすべて頭に入っていることが挙げられます。最近はちょっとだけ能力に陰りがあるかもしれませんが、なぜかそれができます。この背景には「人間が持っている優秀な能力は忘れること」「忘れるから新しいことが頭に入る」と聞いたからです。この一言に安心しました。それまでは、忘れる自分を「ボケてる」「頭が悪い」と思っていましたから。この言葉を聞いてからは、興味がないことは、まったく覚える気がありません。自分がアンテナを張っていることだけを覚える。試合で負けたとしてもズルズルと引きずることなく次に目を向ける。指導者には、こうした考え方も大事かもしれません。

自分が大切にしたい信念を持つ

一生懸命によい指導者になろうとしている方たちに伝えたいことは、「100人の指導者がいたら、100通りの指導者像があっていい」。そして、自分なりの目標と目的、そして信念を持ってもらいたいです。私たちの場合、目標は「日本一になること」ですし、目的は「どのような人間として社会に出ていくのか」を磨いていくことです。ただ勝つため、優勝するためではなく、目標と目的を持つことで、その人の信念が作られると思います。そして目標や目的、信念を持ったら諦めないこと。諦めなければそれが執念となり、行動力として表れます。

私にとって人生を変える大きな出来事が、中村和雄先生との出会いです。先生が共同石油を辞めて渋谷にオフィスを構えた時期のことです。ある知人から中村先生が会ってくれると聞き、一緒にインカレを見に来ていた5・6人くらいの指導者仲間とオフィスに出向きました。ところがチャイムが押せない。一度オフィスを後にして喫茶店に入り、ビールを飲んでから再びオフィスへ。出てきたら「うわあ、テレビで見ている人だ」とただただ感動し、後のことは記憶にありませんが、「我々のいる新潟県に一度、練習を見に来ていただけませんか」とお願いをし、なんと、来ていただけることになったのです。

中村先生がお越しになり、一緒に訪ねた仲間のチームとの合同練習を見てもらったのですが、練習をはじめて30分後に先生は「お前らいつから練習を始めるんだ？」と。私たちは衝撃を受けました。「これは練習ではないんだ……」。その夜に食事の席にご一緒いただいた中村先生に、我々は自己紹介をはじめました。「○○中学の○○です。県大会での優勝が目標です」「△△中学の△△です。市の大会で3回勝ちました」……などなど。すると中村先生は「お前ら、なんで俺を呼んだんだ？　日本一になること以外に目標があるのか？」。再び衝撃です。その日、私は本気で日本一を目指そうと決意したことを、今でも鮮明に覚えています。

中村先生と出会った年に、私は他の公立中学校への転勤が決まっていました。赴任先の木崎中学校はバスケットボール部はありましたが、強くなかったのです。赴任前に「バスケットボール部はありますか？」と電話で尋ねたくらいです。そして赴任後、バスケットボール部員というよりも同好会、いや素人の男の子たちがいました。彼らに私が発した一言目は「お前ら、日本一になるぞ！」。彼らにとってバスケットボールは遊びでしたから、金曜日に「明日何時から練習するぞ、何時に集合」と伝えると、「なんで休みの日に練習するの？」。そんなはじまりでした。彼らは無知だったからよかったと思います。私に言われるがまま、意味がわからないままに頑張って、上手くなっていきました。そして2年目には県大会優勝、3年目には全中で準優勝。マンガですマンガ。その後気づいたのですが、当時赴任前に出した挨拶状には「日本一を目指します」と書いてありました。以前、医学界のトップの方から「出会いは能力だ」という言葉を聞いたことがあり、衝撃を受けた記憶があります。だから言えます。「人生に偶然はなく絶対に必然だよ」と。

中村先生と出会ったときに、5〜6人くらいで訪ねたと述べました。不思議なもので、同じ日に先生と出会い、衝撃を受けた我々でしたが、その後の結果はそれぞれ違うものでした。私を含めた3人は、この日から本気で日本一を目指しました。そして迎えた大会で、私のチームが準優勝し、もう1人の先生のチームが優勝。それ以外の先生たちのチームは、こうした結果を残せませんでした。「なりたいな」「なれたらいいな」ではなく「なる！」と断言すること。これは指導者だけでなく選手たちも一緒です。本気で思うことができれば、行動が変わります。断言できない程度の覚悟であれば、徐々に諦めてしまいます。

断言したとしても自信や確信はありませんでした。ただただ、自分に言い聞かせるように断言し続けました。周りからは「大風呂敷を広げるやつだな」と見られていたでしょう。チームにはそれぞれの事情があります。「場所がない」「練習時間がない」「あれがない」「これがない」。言い訳は探せば探しただけ見つかります。私は自分に言い聞かせることで、結果としてこの学校の次の赴任先で全国優勝を成し遂げられました。

「出会いは必然」「本気で思えば信念・目標になる」「それが執念となり行動力が生まれる」。100人いれ

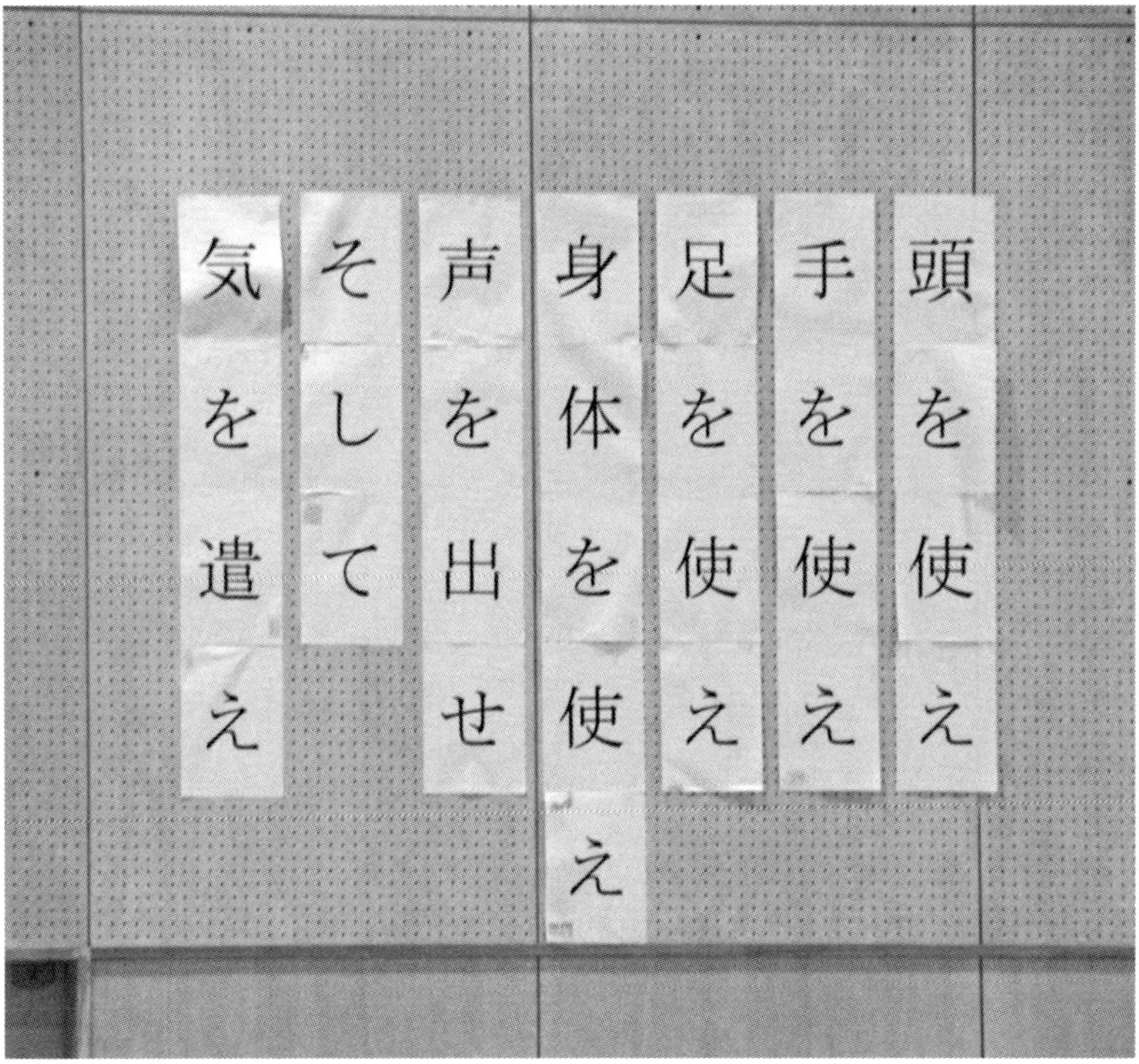

ば100人のやり方があるように、それぞれの指導者にとって本気で目指したことは自分の成長にも選手たちへの目的にもつながります。信念を持ち、信念を執念に変え、信じた道を選手たちと歩んでいってください。

開志国際
練習ドリル
01

1on1ディフェンス

開志国際のバスケットボールは「守って走る」をベースとしています。つまり、相手チームのターンオーバー、もしくはショットミスによるディフェンスリバウンドから、ファストブレイクによる得点を狙います。
また、本校は主にマンツーマンディフェンスにより、相手チームのターンオーバー、もしくはショットミスを誘発したいと考えています。通常マンツーマンディフェンスでは、オフボールマンディフェンスがボールマンディフェンスをサポートし、ヘルプディフェンスやローテーションなどによってチームとしてのディフェンスを行います。本校でもヘルプディフェンスやローテーションを行いますが、マッチアップするオフェンスを1人で守り切ることを強調したスタイルを採用しています。

ボールマンディフェンスでは、ボールマンにプレッシャーをかけることはもちろんのこと、ペイント内に侵入させないようにもします。ボールマンがドライブした場合には、ボールマンがペイントに到達する前にボディアップし、ペイント内への侵入を阻止します。しかし、ボディアップではボールマンと胸部でコンタクトするため、コンタクトに慣れていないプレーヤーは恐怖を感じるものです。そのためボディアップの練習に重点を置くことで、コンタクトを恐れることなく、ボディアップができるようにしています。

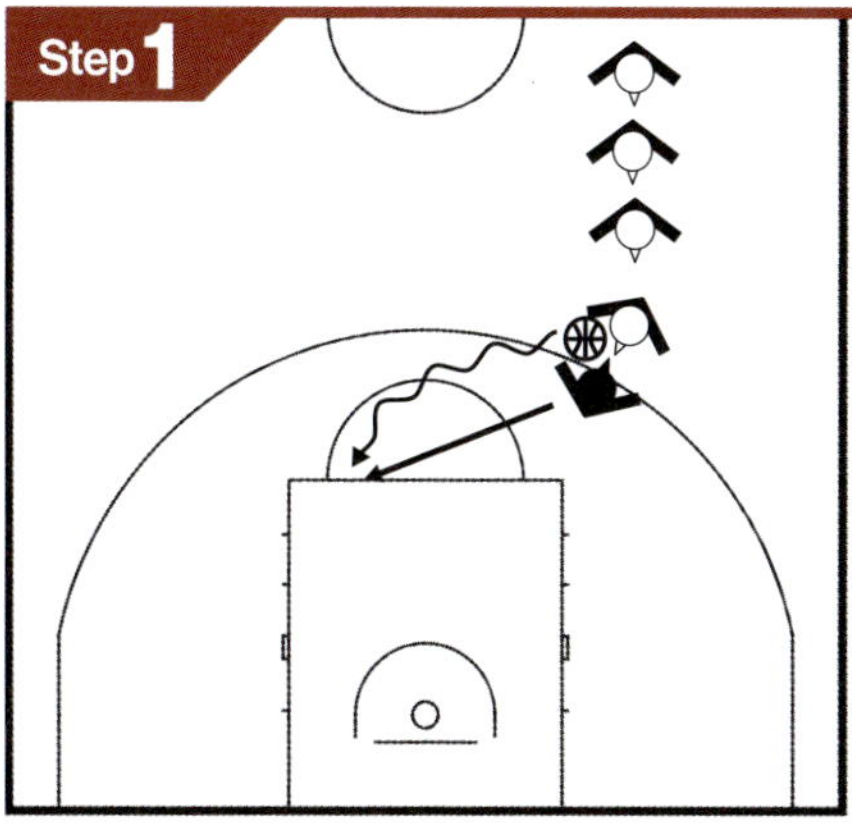

オフェンスはスロットに並び、ディフェンスはボールマンがショットを放てない、もしくは大きくフォームを崩さないとショットを放てない距離で構えます。ボールマンはミドルライン側かベースライン側に向かってドライブをします(図はミドルライン側)。

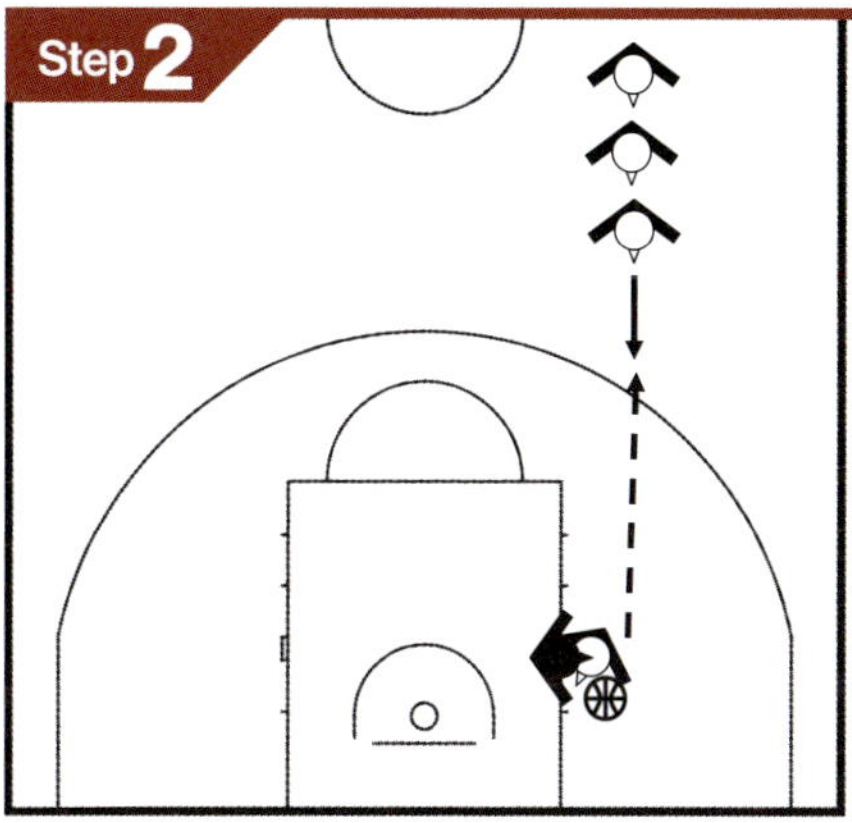

ディフェンスはボールマンがペイントに達する前にボディアップをし、ボールマンの進行を阻止します。

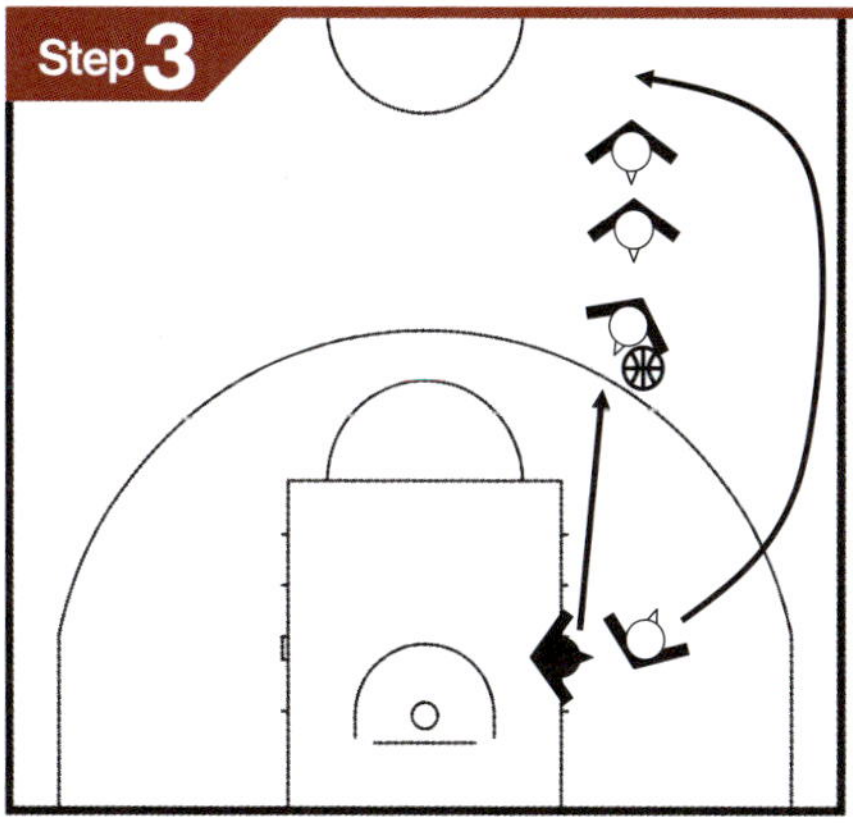

進行を阻止されたボールマンは、スロットに並ぶ次のオフェンスにパスを出し、列の後ろに並びます。ディフェンスはスロットに戻り、パスを受けたオフェンスとマッチアップします。これを24秒間繰り返します。

開志国際
練習ドリル
02

2on1から3on2

本校は前述したように、まずはファストブレイクによる得点を狙うため、2on1や3on2の練習を取り入れています。トランジションオフェンスでは、ボールマンがアタックすることを強調しています。アウトナンバーの局面では誰かがノーマークになるため、ボールマンとしてはノーマークのプレーヤーにパスをしたくなります。しかし数的有利な状況でパスミスをし、得点の機会を逃すことがあります。アウトナンバーでは広いスペースを使い、スピードに乗ってアタックできます。ボールマンは圧倒的に有利な状態であり、得点だけでなくファウルも獲得できるかもしれません。万が一ショットが外れても、ショットを防ごうとしたディフェンスはリバウンドの準備ができていないため、味方がリバウンドを獲得しやすい状況です。こうした考えから、トランジションオフェンスではボールマンがパスではなくアタックすることを強調しています。

さらに、トランジションディフェンスの「戻り」も強調します。アウトナンバーのシチュエーションでは、ディフェンスに加わらない相手プレーヤーがいます。そのためファストブレイク後、この相手プレーヤーによって、ファストブレイクをされることがあります。いわゆる「逆速攻」です。これを防ぐため、この練習ではトランジションディフェンスも強調し、オフェンス終了後はすぐにバックコートまでスプリントします。

Step 1

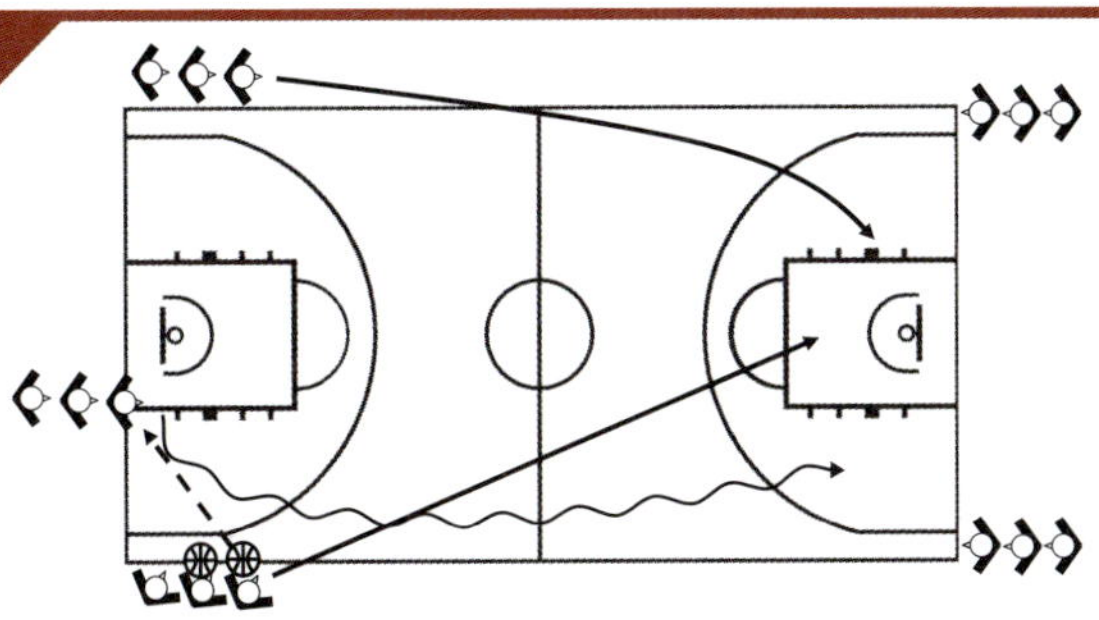

両ウィングのサイドラインの外側に2人が立ち、一方がボールを持ちます。ボールサイド側のショートコーナーのベースラインの外側に1人が立ちます。さらに反対側のコートでコーナーのベースラインの外側に2人立ちます。図のようにパスを出した後は反対側のコートへとスプリントし、ディフェンスになります。パスを受けたらオフェンスを開始。2on1のシチュエーションになります。

Step 2

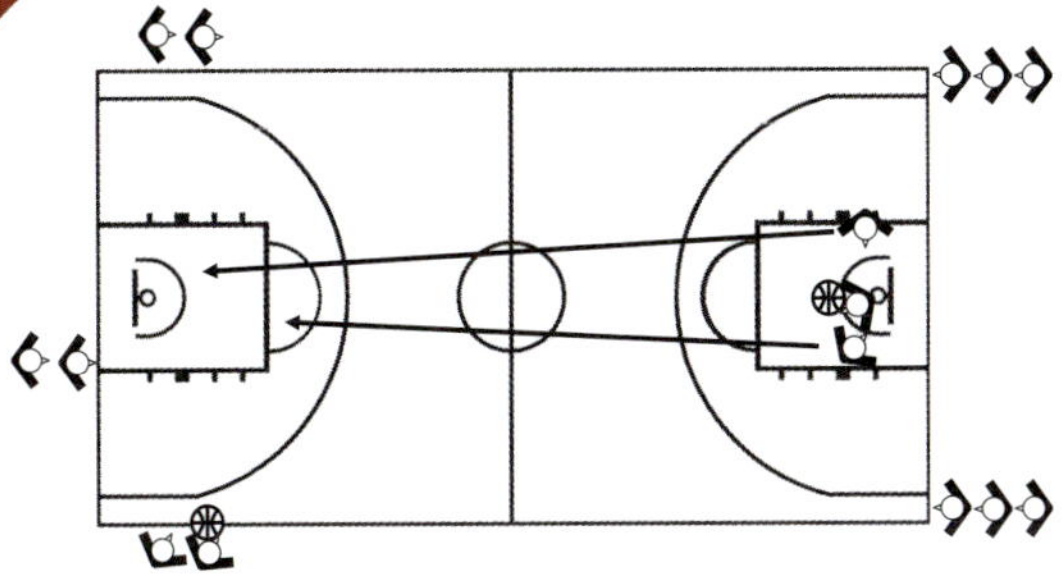

2on1の終了後、オフェンス2人は反対側のコートにスプリントし、ディフェンスになります。

Step 3

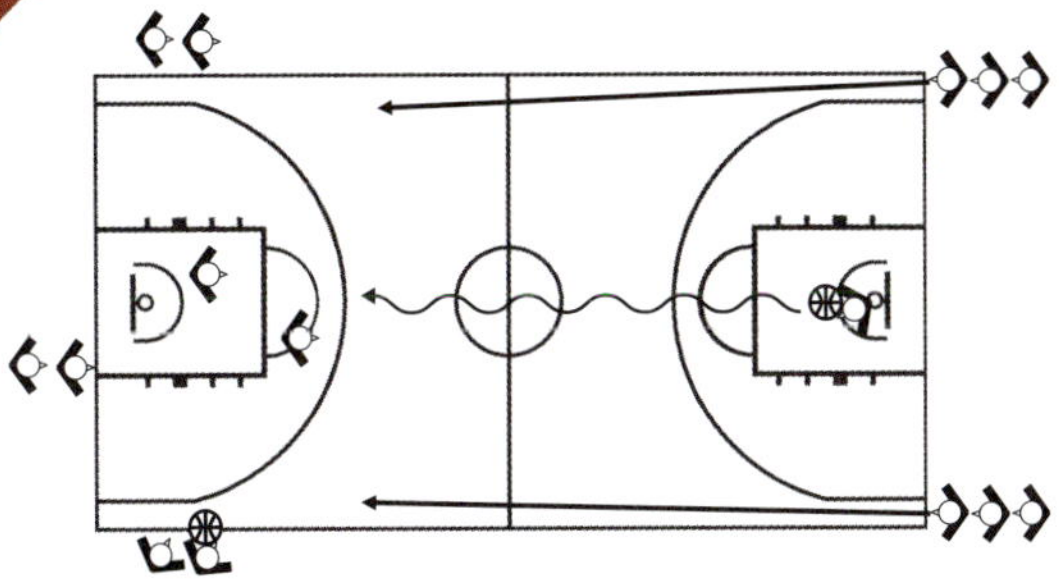

ディフェンスをしていた1人はオフェンスになります。ベースライン外側で待機していた2人が加わり、3人で攻撃を開始します。3on2のシチュエーションになります。このオフェンスが終わったら全プレーヤーは列に戻り、待機していた選手たちがStep1の練習を行います。これを繰り返します。

富樫英樹

Hideki Togashi

戦績

木崎中学校
全国中学校大会 準優勝

本丸中学校
全国中学校大会 優勝2回、ベスト4 3回

開志国際高等学校
インターハイ 優勝1回
U18トップリーグ 優勝1回
ウインターカップ 優勝1回

主な卒業生

富樫勇樹、本間遼太郎、秋山皓太、田中成也、小栗瑛哉
など

PART 5

常田健

中部大学第一高等学校

中部大学第一高等学校（当時は名古屋第一高校）でバスケットボール部に所属。恩師の勧めで指導者の道を目指し日本体育大学へ進学する。卒業後は母校に戻りバスケットボール部の指導に携わる。卒業後に恩師の元で指導者としてのレベルアップを目指そうとするも、卒業時に恩師が退職。10人も部員がいないところから指導者としてのキャリアをスタートさせ、現在の強豪チームにまで育て上げる。卒業生には、張本天傑選手、宇都直輝選手、中村浩陸選手、ワンウェイジャ選手、上澤俊喜選手、ディクソンJrタリキ選手、坂本聖芽選手、星野京介選手などがいる。

Ken Tsuneta

バスケットボールには選手の人間性が顕著に表れる

―指導者としての軸―

試合に出ることにふさわしいプレーヤーには何が必要なのか

一番大事にしていることは人間教育であることは間違いありません。そのため、バスケットボールが上手いだけではレギュラーにはなれません。バスケットボールの時間だけ人間性や行動が素晴らしいというのは、おそらく無理です。私生活でも寮生活でも、バスケットボールプラクティスもトレーニングも、僕がいる練習でもいない練習でも、すべてにおいて人間性が表れます。私生活でだらしない選手は、それがプレーにも表れます。プレーが整っている選手は、それ以外でも整った生活が送れています。僕の場合は整っていない選手は試合に出すことはありません。

大きく分けると二つの指導パターンがあります。一つはバスケットボール以外も整ってから試合で使うやり方。もう一つは整っていない部分を、試合で使いながら整わせていくやり方です。本来であれば前者が理想ですが、3年弱という高校生活の時間を考えると整わないまま卒業してしまう可能性があります。そうすると次のカテゴリーでも活躍できず、ドロップアウトするかもしれません。先々もバスケットを続けてもらいたいので、試合で使いながら整えさせることもあります。ただし、整わない選手を使い続けることはしません。変化が見えなければバッサリとAチームから外し、本人が変わらなければその後試合で使うことはほとんどありません。

選手の見方は、上級生になるほど厳しくなります。選手たちには常々「試合に出るのにふさわしいプレーヤーになりなさい」と言います。スキルや身長だけでなく、人よりも努力をしていたり、チームの裏方の仕事もしたり、他の選手を気に掛けてほしいという願いを込めています。そうした選手は、他の選手や下級生から見てもユニフォームを着ることがふさわしい選手だと思われますし、プロになった卒業生たちはみな、自分を整えることができるようになりました。もちろん完璧な人間はいませんから、たまたま遅刻をしたからといって怒ったり、試合から外すことはしません。一つの行動に対して指導をすると、その行動を怒っていると捉える選手もいます。そうではなく、「みんなが大好きなバスケットボール」がずっと大好きであるためには、それにふさわしいプレーヤーになることが大切です。逆に整えられなければ、大好きなバスケットボールにも雑なプレーが出ます。人としての成長がバスケットにも直結することを身に染みて感じ、実行し続けてもらいたいと考えています。

Ken Tsuneta

02

スケールが大きな選手の入部で指導を見つめ直す
―指導者に必要な考え方―

オフェンスで始まるスポーツか？　ディフェンスで始まるスポーツか？

「生活のいい加減さはプレーにも表れる」と、今でこそ自分の言葉で選手たちに伝えることができるようになりました。それができるようになったのは、最も影響を受けた指導者である仙台大学附属明成高校の佐藤久夫先生のおかげです。久夫先生との出会いが自分の指導者としての転機になりました。この後述べるバスケットボールについても影響を受けましたが、言葉が人に力を与える「言葉力」を知れたことが大きかったです。同じ言葉でも伝える人によって与える影響がまったく異なること、そして言葉力の大切さを学びました。

僕は日本体育大学でバスケットボールをしており、指導方法も当時の経験をベースにしたものでした。振り返るとそれらは、指導方法と呼べる内容ではなかったのです。その指導を見つめ直す必要に駆られたのは、張本天傑、宇都直輝という非常に能力が高い選手たちが入学してくれたときです。要は僕のバスケットボールのプレーヤー像よりも優れた選手たちが入ってきたことになります。これまでは、プレーヤーとしての自分よりも技術が劣る選手たちを教えてきたわけです。けれども自分より優れた選手たちを指導するとなったときに、どう教えたらよいのかがわかりませんでした。とてもスケールが大きい選手たちでしたし、日本代表の候補になるくらいでした。ちょうどその頃、久夫先生とお会いしました。そこで言っていただいた言葉は、「指導者も学ばないといけない」「選手の勝ちたい気持ちや夢を実現できる指導者にならなければいけない」といったことでした。それまでの僕は人に頭を下げて教えを乞うことができない性格でした。けれどもそんなことは言っていられません。久夫先生に頭を下げて、バスケットボールを教えてもらいました。このときに言われた言葉で忘れられないのが「常田、おまえは桜花学園の選手たちを教える自信があるか？」と聞かれたことです。本書に井上先生も登場されると聞いて、とても恐れ多いのですが……。

とてつもなくレベルが高い選手たちを教える自信など、あるわけがありません。そう思っている私に久夫先生は、「自分より優れたプレーヤーを教えるのも指導であり、おまえのチームにいるような生徒たちを教えるのも指導」「けれども桜花の選手たちは優勝しなければいけないと考えている。一方で、おまえの選手たちは優勝したいと思っている」「しなければいけないプレーヤーを教えるのと、したいプレーヤーを教えることは同じ指導だけれども、どちらも実現できる指導者にならないといけない」と話してくれました。

続けて「まずは自分がやりたいバスケットボール像を持たないといけない」「誰かのコピーでは駄目だ」「真似をするだけでは駄目だから、自分のやりたいバスケットボールを見つけなさい」。自分のやりたいバスケットボールが見つかり、それを洗練させていくなかで強さが出てくる。そして「中部第一は厄介だな」と思われるチームになる。そうしたチームの理想像が浮かんできました。実は久夫先生と知り合ってすぐの頃は、話しかけることができませんでした。3年くらい経ってからでしょうか。そこでようやく、こうした話ができたのです。本当に高いハードルでした。

いろいろと話をするなかで、「おまえのバスケットボールはオフェンスから始まるスポーツか？　それともディフェンスから始まるスポーツなのか？　まずはそれを決めろ」と言われました。これまでそのようなことは考えたことすらありませんでした。そして僕は、「うちはディフェンスからはじまるバスケットボールをする」と決意し、今でも選手たちに伝えるようにしています。プレーやスキルよりも考え方の根本が身についたのは、改めて久夫先生のおかげだと思います。同じ体育館で合同練習をさせてもらえることもありましたが、先生は僕の練習に対して「ああしろ」「こうしろ」とは言いませんでした。僕は明成の練習をチラチラと見て盗んでやろうという野心満々でしたが。

このときをきっかけにして構築している僕のバスケットボールは、「よいディフェンスができるからよいオフェンスにつながる」という考えです。この「よいディフェンス」とは、相手の得意なプレーを簡単にさせないことや、気持ちよくプレーさせないことです。そのためには、個で守ることに加え、チームとして守ることが必要で、練習を繰り返すことでこの強みが生まれます。例えば対戦相手の強みがリバウンドであれば、徹底的にリバウンドをさせないように守ります。こうした相手のよさを出させないために徹底的にスカウティングをし、コーチ陣にも伝え、練習でも徹底していきます。それが「中部第一は厄介だな」と思われるバスケットボールにつながります。

Ken Tsuneta
03

机の上に置かれていた娘からの誓約書
―指導者像を作った出来事―

望んだポジションやプレーを必ず一度はやらせる

今は選手ファーストの指導が求められます。「間違った選手ファーストになっていないか？」と感じることもありますが、一時代前の暴力や行き過ぎた指導は決して許されません。2012年、世間を騒がせた痛ましい出来事がありました。この出来事を機に自分の指導を見つめ直す監督やコーチもたくさんいたでしょう。特に僕たちは指導者ファーストの指導を受けてきた世代です。自分たちが経験してきた「その指導が正しい」と信じていましたし、他の指導を知らなかったことも大きいでしょう。

ある日の朝食卓に行くと、一枚の紙が置いてありました。「お父さんは事件になったような指導は絶対にしないでね」といった文面であり、差出人は二女でした。僕だけでなく長男や長女もバスケットをしていましたから、二女なりに感じることがあったのでしょう。「破ったら罰金1万円」「印鑑を押せ」と書かれたその紙に僕はサインをして判を押しました。

僕たちが指導者ファーストの指導を受けてきたことは事実であり、未だにその指導を引きずっている方がいるのかもしれません。僕は娘の誓約書へのサインで自分の指導を見つめ直すことができました。

中部第一では新入部員たちに必ず「どういうプレーヤーになりたい？」と聞きます。「ガードをやりたいです！」「外側でバスケットボールがしたいです！」など、選手たちは口々に要望を言います。僕が返す言葉は「それをここで、必ずやり遂げる自信があるか？」です。選手の要望は必ず実現させるようにしますし、一度は望んだポジションでプレーをさせます。だから試合で勝てないことも多いのですが、僕の「こうさせたい」という考えだけでプレーさせることはありません。サイズがある選手が入ってくることが多いのですが、インサイドでプレーしたがる選手はまずいません。「絶対に逃げるなよ」「できなくても目を背けずにバスケットをやれ」。そのように伝えて絶対にそのポジションでプレーをさせるように心がけています。

目の前の勝利だけを追い求めるなら、現時点でマッチするポジションでプレーさせるのもよいかもしれません。しかしプレーヤーの将来を考えると、プレーヤー自身が希望するポジションや将来やるであろうポジションでプレーさせ、育成することが重要だと考えています。一時期、ドロップアウトする選手が多くなっていました。そこから「これではいけない」と思い、リクルートのやり方や選ぶ選手の基準を変え、今のようなスタイルになったのです。

Ken Tsuneta

04

常に矢印を自分のほうに向けておく

―指導者としてのあり方―

自分で決め事をして言い訳せずにやり続ける

僕は常々、「矢印は自分のほうに向けないといけない」と言っています。それは自分が決めたことを、しっかりとやれているか確認することであり、徹底することです。僕の場合は、「自己都合を優先して部活をおろそかにはしない」と決めています。バスケットボールは子どもたちのためにやっていることであり、目標に向かって一生懸命な子どもたちがいます。そこにはどのようなことがあっても向き合うと決めています。例えば、選手たちは朝の6時半から体育館に来て朝練をします。その前後にアップや自主練をする選手もいます。夜も同様に練習後に自主練をする選手がほとんどです。僕は朝練を見ないのでグラウンドで身体を動かしたりしていますが、選手たちが活動をしている間は、必ず近くにいるようにしています。そのため自分の子どもたちの入学式や卒業式に出たことは1回もありません。それが正しいか正しくないかという話ではなく、自分で決めたことは何があっても徹底すること。それが「自分に矢印を向ける」という意味です。

他の指導者の皆さんも同じことをやれということではありません。それぞれが自分で決めたことは、「何がなんでもやり抜きましょう」「いろいろな要素を言い訳にしないでやり切りましょう」ということです。自分にとって都合が悪いことで、物事を変えないということです。選手たちは、監督が自分で決めた指導者像をやり抜く姿を見ています。そこにブレが生じると、選手たちとの信頼関係を築くことはできません。僕が久夫先生に、「指導者としてのスタイルを持ちなさい」と言われたように、指導に携わる方は、指導をする目的や考え方の幹を持ってもらいたいと思います。

少し話がそれますが、久夫先生に「おまえの生徒たちは勝ちたいと思っているよ」「でもおまえ、勝たせてないよ」と言われたことがあります。心にグサっときましたし、「俺のせいかよ」という思いもありました。けれども「おまえ、うちのチームがこのプレーをしたときに選手たちがフリーズしたのを見ただろう」「けれどもおまえは何もアドバイスができなかった」「タイムアウトを取ったり、選手を交代したりすることもできたがやらなかっただろう」。畳み込まれました。何を言われているのかわかりませんでした。さらに「勝ちたいと思っている選手を勝たせてあげられる、上手くなりたいと思っている選手を上手くさせてあげられるのがよい指導者だ」「それができなければ、自分がやりたいことをやっているだけの指導者だ」。アドバイスをいただいたというよりも、チクリチクリと言われました。

バスケットボールは相手がいるスポーツです。自分たちが用意してきたプレーがあっても、思い通りにプレーさせてもらえるわけではありません。いきなりゾーンで守ってくるなど、奇策を講じてこちらがやりたいことをやらせないようにしてきます。そうした突発的なことに対して、プレーを推し進めていくだけの知恵やアドバイスを持つこと。そうしたことができるのがよい指導者だと考えています。これがバスケットボールをきちんと勉強しようという原動力になりましたし、自分はこういう指導者になろうと決めたきっかけでもありました。

バスケットボールはチームスポーツですが、チームプレーの前に一人ひとりの個が重要です。そして個の質を高めるためには、選手たち一人ひとりが自分に矢印を向け、それを徹底することが大切です。だから僕は自分にも選手たちにも矢印の話をします。

高校のカテゴリーは個の強さを磨く

―チーム作りとキャプテン―

1年生を試合に出して立ち位置を体感させる

選手たちになってもらいたい理想像はスペシャリストです。ショットやドリブル、パスやリバウンド、スピード。器用貧乏な選手は残念ながら使われなくなりますし、高校よりも上のカテゴリーでは、ポジションを変えるための練習をするにしても遅すぎます。ただし高校時代からスペシャリストを育てるのではありません。スペシャリストはあくまでも選手たちがプレーする最後のカテゴリーでの話です。高校時代はポジションを固定しないポジションレスであり、重点を置くのは選手個々の広い意味でのファンダメンタルの強化です。そしてとにかく、個人を育てようと考えています。

すでに述べたように1年生の見方は甘めで、学年が上がるごとに厳しくなります。また1年生をなるべく多くの試合に出すようにします。例えば井手口先生が率いる福岡第一高校と試合をした際に、自分のレベルはどのくらいなのかを体感させたいからです。自分のレベルや立ち位置が実感できれば、これからの3年弱で何をすればよいかを考える指標ができるでしょう。これは僕から言われるよりも、実際に対戦したほうがわかります。そのため1年時に多くの試合を経験させます。ですから選手たちには「上手いから出られたと勘違いするなよ」「自分の位置がどのくらいなのかを、中部第一の狭い世界ではなく全国の上位チームと戦うことで感じろよ」と伝えています。

先日、U18アジアカップでヨルダンから帰国してからは、同じチームだった東海大の入野コーチから影響を受け、1週間に一度、AチームとBチームの入れ替え戦をするようになりました。何人かのロスターの選手はこの日をウェイトトレーニングにあてますが、それ以外の選手はこのゲームで1週間の所属チームが決まります。独自のルールとしては、遅刻をしたり、学校で何かしらのミスをしでかした選手は試合に出られないようにしています。これは先に述べたように僕もチームも大事にしていることだからです。それから身体の線が細かったり、身体がまだできていない選手は入れ替え戦には出さずにウェイトを優先させます。その理由は怪我につながるからです。

それから選手たちには、例えばBチームのガードであれば「おまえはいいプレーをしているよ」「けれどもそれはフォワード相手だからだ」「やっつけなければならないのは相手のガードだろ」と伝えます。選手の位置関係やポジションでの競争が狙いです。またサイズが大きい選手は育成に時間がかかります。

そのため、本来であればある程度プレーができるようになってから使いたいのですが、時間が限られているため、使いながら育てていくパターンになります。

こうした僕の考えはコーチにも伝わっていますので、基本的にロスターはコーチが決めています。コーチたちは僕が知らない時間帯の選手たちの努力を見ていますから。ときには「なぜこいつ？」と思う選手が入っていることもありますが、コーチからは「先生、努力している選手を使ってみて、ダメであれば落としてください」と言われます。努力が報われないのもなんですから、コーチから頑張りを認められた選手はすごく下手でもAチームに入れます。

それからうちは寮生が多いので、各学年に2人ずつ学年キャプテンを決めています。1人はゲームに出るキャプテン、もう1人は私生活で中心になるキャプテンを僕が選んで決めます。この2人は進級時に他の選手と替わることも、そのまま続けることもあります。これは元から2人だったのではなく、キャプテンにしたいと思った選手がチームの核になれず、自分のことで精いっぱいになったことがきっかけです。それであればもう1人いたほうがよいかといった発想だったと記憶しています。

寮では同学年の選手を同室にし、くだらない上下関係は持ち込まないようにしています。「自分のことは自分でやる」とも言っています。

中部第一
練習ドリル
01

ランメニュー

中部第一では、テクニックやスキル、戦術などの練習の前にランメニューを行います。ランメニューの内容はシャトルランなど様々なものがあります。こうしたランメニューは、多くのチームで持久力や走力の強化として取り組まれていることでしょう。本校でも、同様の目的がありますが、一番はランメニューの後に続くバスケットボールの練習を困難な状況で行えるようにすることにあります。心拍数を高め、身体的に疲労を感じている状態でバスケットボールの練習を行うのです。

特に経験の多い3年生にとっては、バスケットボールのみの練習は簡単すぎて成長が期待できません。心拍数が高まった状況でも、正確なテクニックを発揮し、適切に判断することを求めることによって、パフォーマンスの向上を図ります。

ランメニューでは主に心拍数を高めることを重視しています。本校では今年からプレーヤーにデバイスを装着し、心拍数や歩数、ランニング率やジャンプ回数などが測定できるようにしました。これらの数値をモニタリングしながら一定以上の強度で練習ができるようにしています。そして、心拍数の変動を見つつ、ランメニューの内容やボリュームを調整しています。

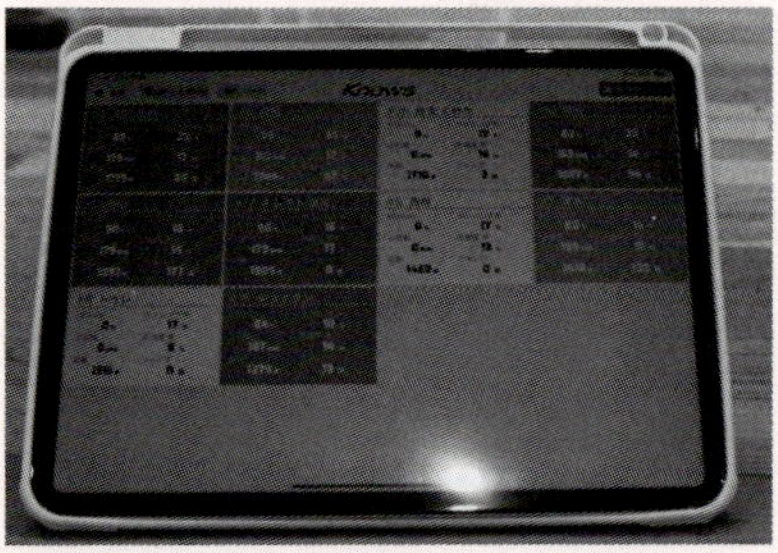
練習中は心拍数などをモニタリングする

Step 1

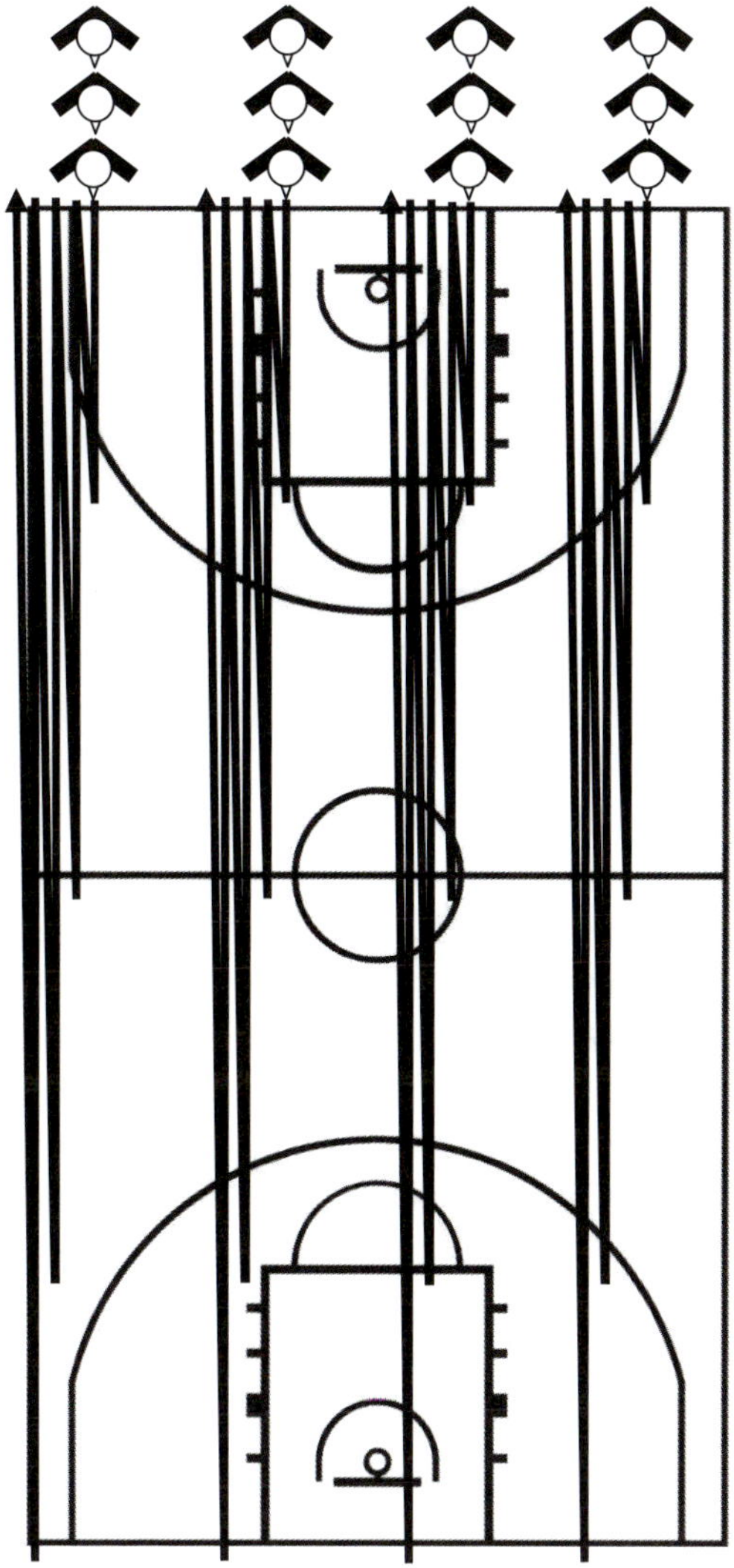

ベースラインから走り出し、手前のファウルラインで切り返して戻ります。さらにベースラインで切り返してセンターラインに向かい、切り返して戻ります。続いてベースラインで切り返したら奥のファウルラインに向かい、切り返して戻ります。最後にベースラインで切り返し、反対側のベースラインまでランをしたら元のベースラインに戻ります。決められた本数ではなく、目標の心拍数に到達するように設定します。

中部第一
練習ドリル
02

コンタクト1on1

年々、相手とのコンタクトに打ち勝つフィジカルとコンタクトスキルの需要が高まっています。相手をかわすプレーよりも、コンタクトしながらプレーする考え方になってきました。圧倒的なスピードでかわすことができれば理想ですが、強豪チーム相手ではなかなかそうはいきません。相手が速い場合でも一定のスキルを発揮するためには、コンタクトに打ち勝つフィジカルやコンタクトスキルが求められるのです。こうしたフィジカルやコンタクトスキルの需要はプロや大学のみならず高校でも高まっています。さらに、相手とコンタクトしながらスキルを発揮することでファウルを獲得できる可能性も出てきます。

こうした背景から本校ではストレングストレーニングに一定の時間を割き、フィジカルの強化に取り組んでいます。さらに、フロアでの練習ではコンタクトスキルの向上に取り組んでいます。ただし、新入生にはコンタクトスキル向上よりもコンタクトへの免疫をつけることに重点を置いています。コンタクトの経験が乏しいプレーヤーはコンタクトに対して恐怖感を持っており、避けてしまいます。そこで、本校の練習では、コンタクトをしている状態からスタートする1on1を行っています。

Step 1

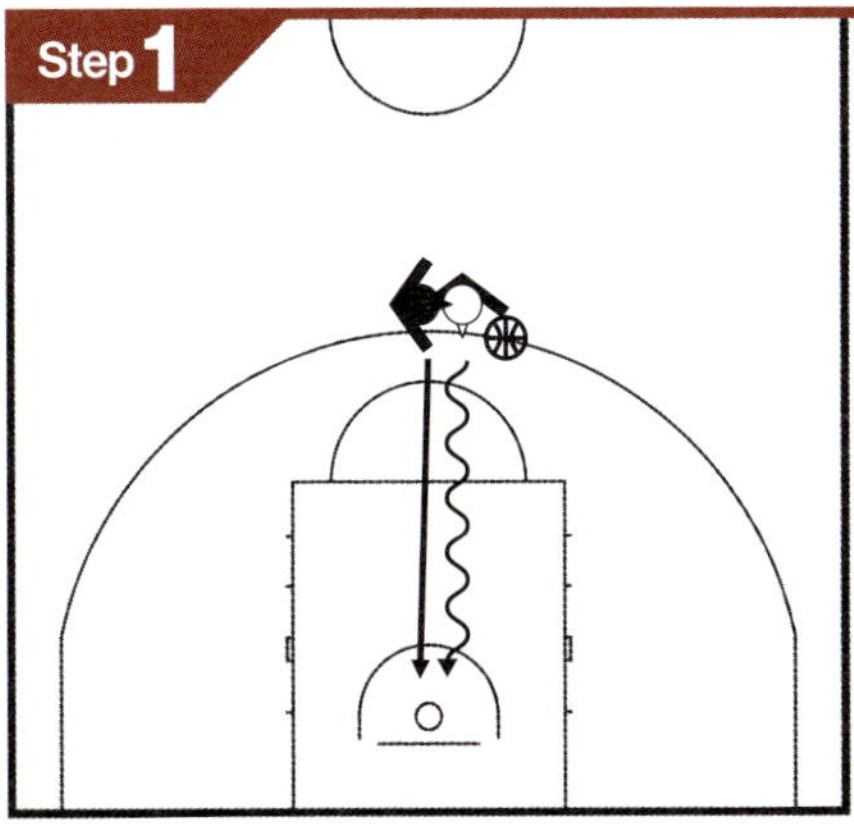

オフェンスがトップに立ち、ディフェンスが真横から胸を当てた状態で構えます。オフェンスの動き出しで1on1がスタート。オフェンスはゴール近辺でのショットを狙い、ディフェンスはそれを阻止します。

Step 2

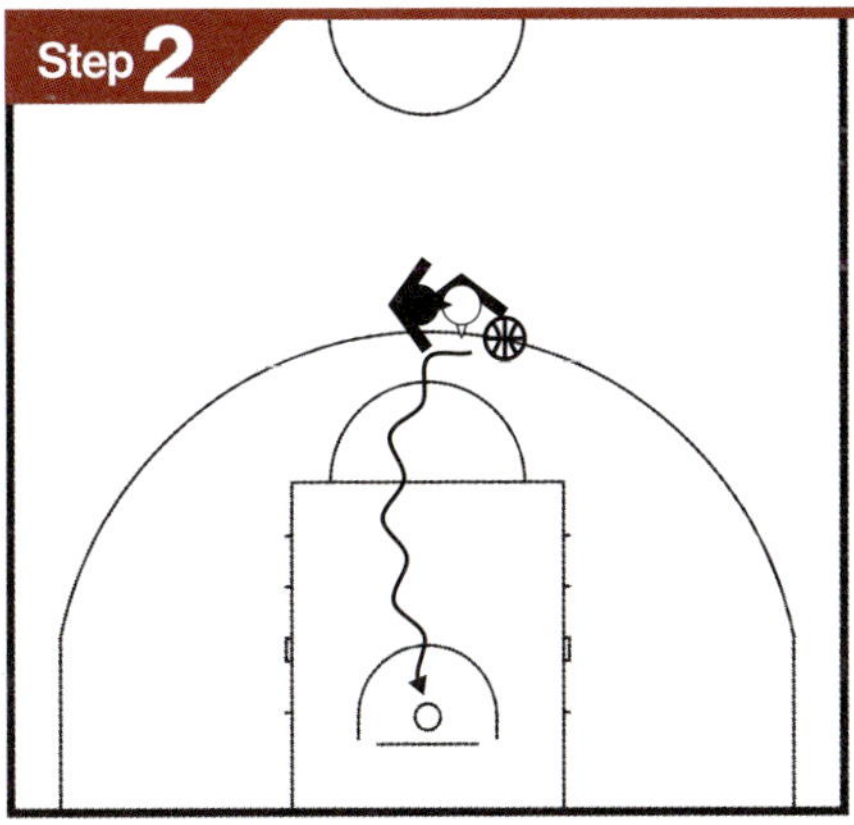

ドライブラインが空いた状態かつ好きなタイミングでスタートできるため、圧倒的にオフェンスが有利な状況です。しかし、ディフェンスの身体能力が高い場合には、横からブロックされる可能性があります。そこで、オフェンスはディフェンスとリングを結ぶライン上に入り、ディフェンスに背面でコンタクトしている状況(ジェイル)を作り出します。

Step 3

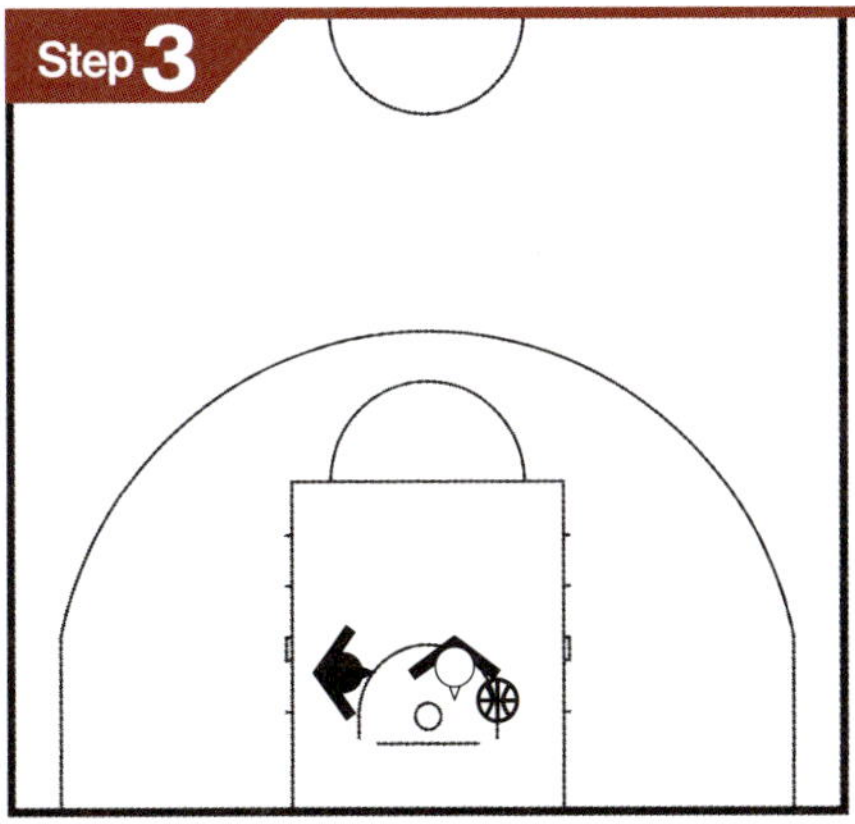

ジェイルができなかった場合はディフェンスにブロックされるリスクを下げるため、ドリブルの最後でディフェンスにコンタクトし、距離を取ります(セパレーション)。このプレーによってノーマークになり、ショットを放つことができます。

中部第一
練習ドリル
03

クリスクロス3on3

通常はセットオフェンスよりもファストブレイクのほうが、得点効率（PPP）が高くなるため、多くのチームがファストブレイクによる得点を狙います（※）。ファストブレイクでは3on3などの人数が少ない状況が多く、3on2などのアウトナンバーも発生します。そして、オフェンス側は少人数で広いスペースを利用できますが、ディフェンスは少人数で広いスペースを埋める必要があります。

ボールマンにディフェンスがマッチアップしたとしても、左右には大きなスペースがあり、ボールマンは優位にアタックすることができます。そこで、他のディフェンスもバックコートに戻りながらボールマンに寄り、ボールマンとマッチアップするディフェンスの左右のスペースを潰すウォール（ローディング）を形成します。

ただし、ゴール下に走り込んだオフボールマンにパスが出ると高確率のショットにつながるため、ボールマンとマッチアップするディフェンス以外は、オフボールマンと同じラインか、ベースライン側に位置します。ウォールによってボールマンがコントロールやパスを選択すれば、味方がバックコートに戻る時間を稼ぐことができます。そして5on5になれば、ディフェンスは5人でスペースを潰すことができます。

※ここでは人数に関係なく、守備から攻撃の切り替わり（ポジティブトランジション）での早いオフェンスをファストブレイクとします。

Step 1

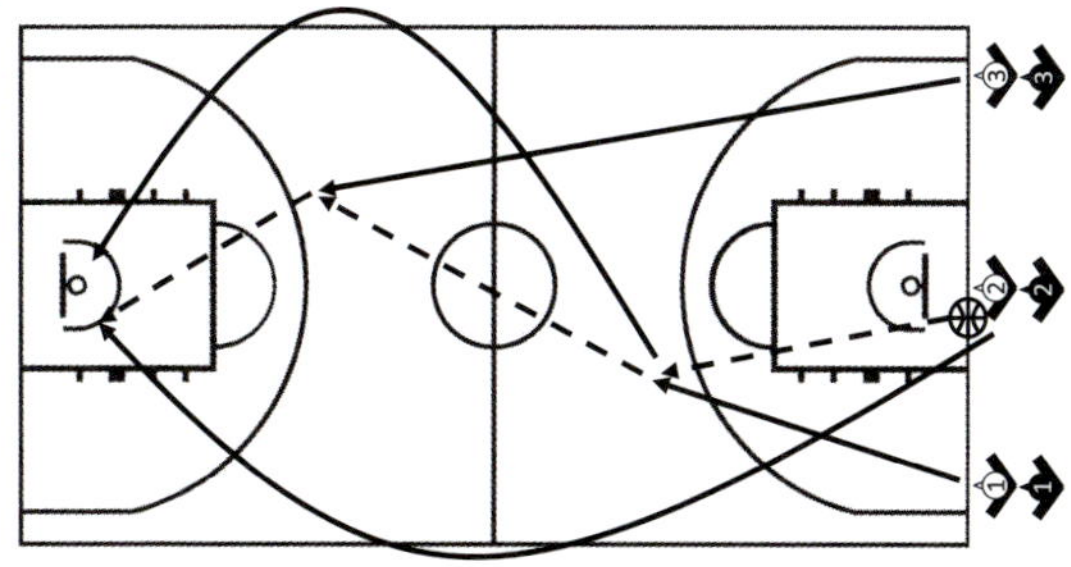

ベースラインの両コーナーとミドルラインにオフェンスが、その後ろにディフェンスが並びます。ミドルのオフェンスはボールマンになります。オフェンスはクリスクロスで進みます。

Step 2

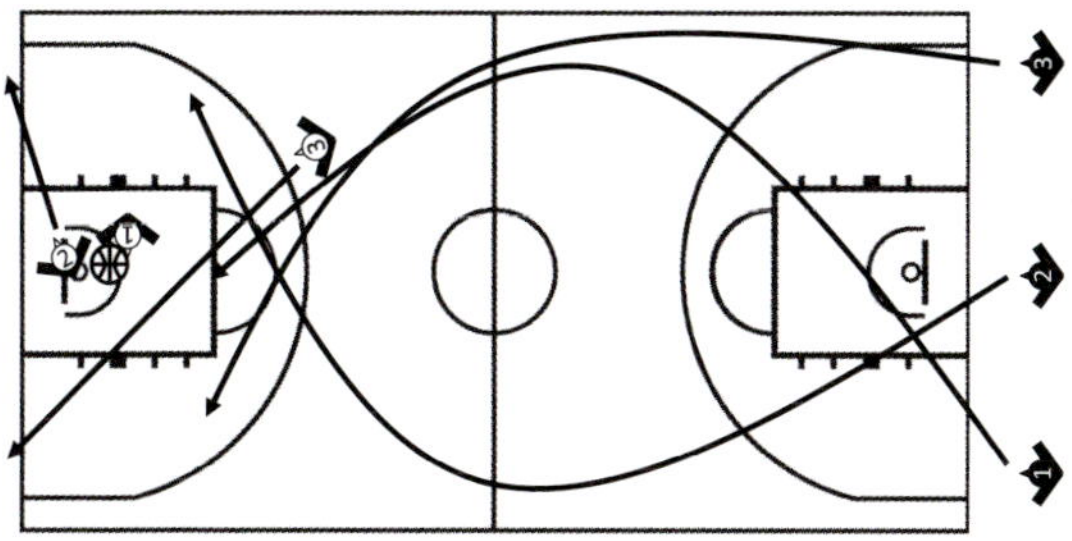

最後のパッサーとショットを放ったプレーヤーはベースラインを踏みます。ディフェンスはオフェンスの後ろからついていき、反対側のファウルラインまで移動します。

Step 3

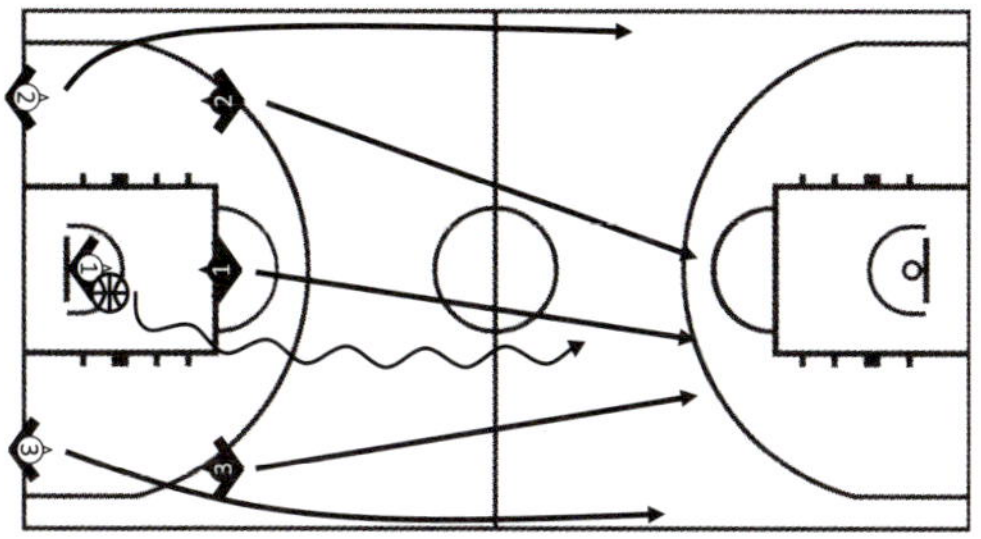

オフェンスがリバウンドボールを保持したタイミングでトランジションの3on3を開始します。まずファストブレイクでの得点を狙いますが、ショットに持ち込めなかった場合はセットの3on3に移行します。ショットの成功、ディフェンスリバウンドの獲得、ディフェンスのスティール、アウトオブバウンズのいずれかで終了します。

中部第一
練習ドリル
04

クリスクロス4on4

本校のテーマは「速いバスケ」であり、人数の多いトランジションの状況でも、まずはファストブレイクでの得点を狙います。大人数でのファストブレイクはオフェンスが使用できるスペースが制限されます。ディフェンスの人数が増えることだけでなく、オフェンス同士でスペースを潰し合うこともあります。そのため、4on4のファストブレイクでは、3on3よりもオフェンス同士が距離を保ってスペースを確保することが求められます。

4on4では両ウィングと両エルボー・エルボーラインをオフェンスが走ることで、味方同士の距離を保ちます。両ウィングを走る2人はサイドライン際を走ることでスペースを作り出します。さらにパスを受けてレイアップショットが可能であれば、リングに向かって進みます。ショットが難しい場合にはコーナーに進み、ディフェンスを押し下げ、エルボー・エルボーラインを走るオフェンスのボール運びを助けます。

また、ボールマンがサイドラインに近づくと、トラップをかけられる恐れがあります。サイドラインには近づかず、エルボー・エルボーラインでボールを運びます。ただし、プレッシャーを受けながらエルボー・エルボーラインでボールを運ぶことは想像以上に困難なため、卓越したスキルの習得が必要になります。

Step 1

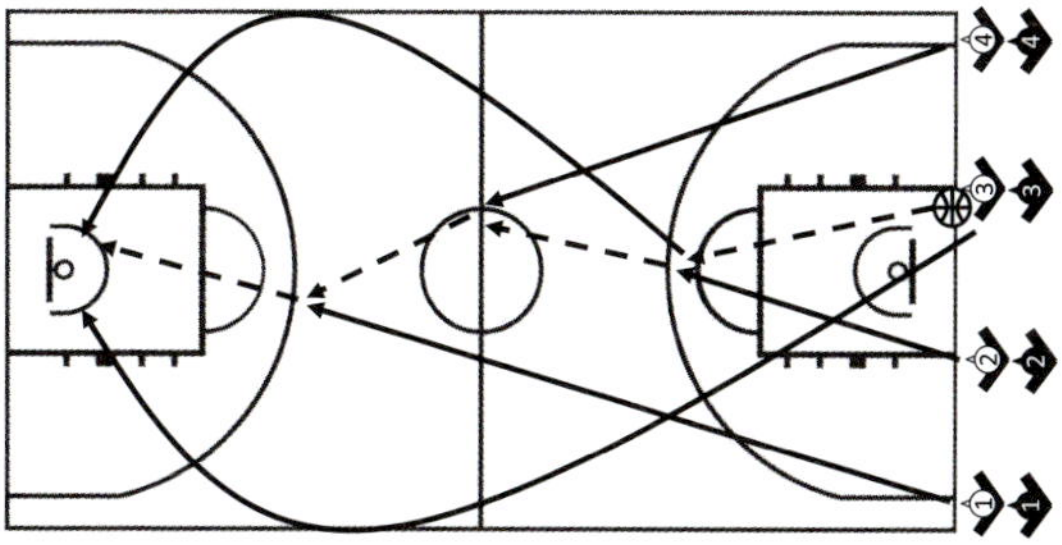

ベースラインの両コーナーと両ショートコーナーにオフェンスが、その後ろにディフェンスが並びます。ショートコーナーの片側のオフェンスがボールマンです。オフェンスはクリスクロスで進みます。

Step 2

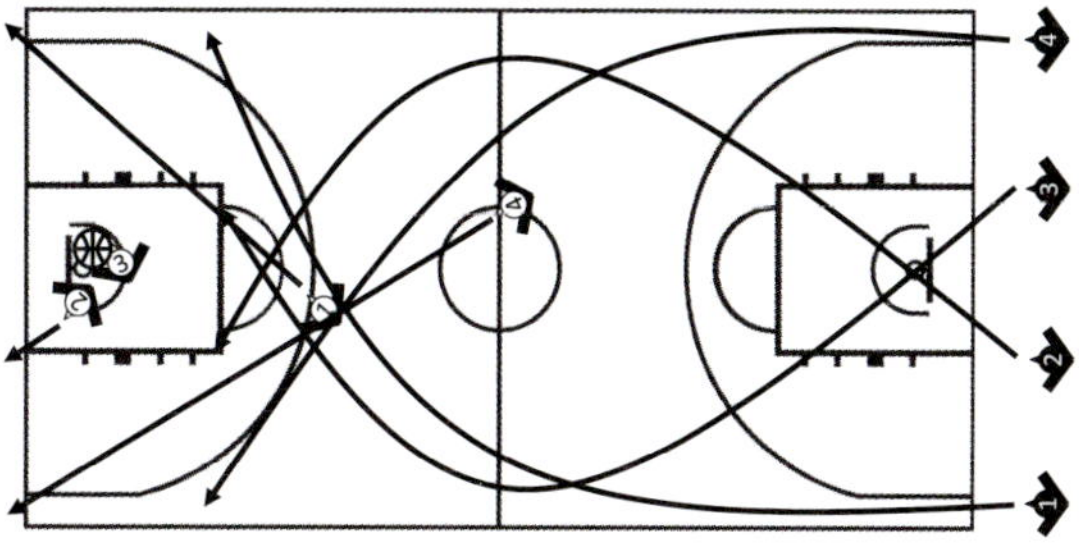

リバウンダー以外のオフェンスはベースラインを踏みます。ディフェンスは後ろからついていき、反対側のファウルラインまで移動します。

Step 3

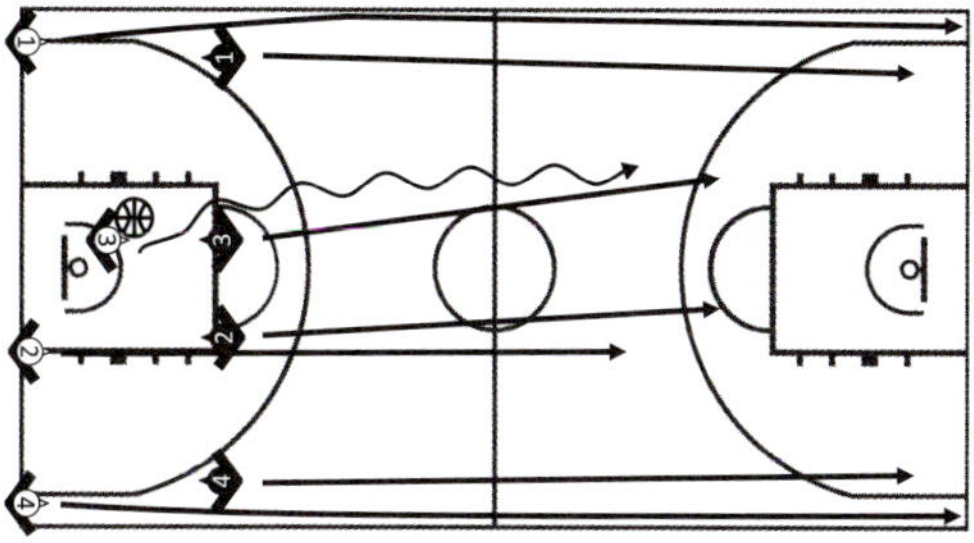

オフェンスがリバウンドボールを保持したタイミングでトランジションの4on4を開始。オフェンスはファストブレイクでの得点を狙いますが、ショットに持ち込めなくてもセットの4on4に移行します。ショットの成功、ディフェンスリバウンドの獲得、ディフェンスのスティール、アウトオブバウンズのいずれかで攻守を交代します。計3回の攻防を終えたら終了です（コート2往復分）。

中部第一
練習ドリル

05

5on5アップダウン

126ページで紹介したように、本校ではポジティブトランジション時に人数が多い状況でも、まずはファストブレイクでの得点を狙います。そのため、5on5のトランジション局面の練習も行っています。

5on5のファストブレイクでは、ビッグマンがリムランすることにより、5人のオフェンスの距離を保ちます。まずはファストブレイクでゴール付近での得点を狙い、このプレーが難しいシチュエーションであれば流れを止めず、相手のディフェンスが完全に整わないうちに攻めきるようにします（アーリーオフェンス）。

アーリーオフェンスの動きの詳細は本書では紹介しませんが、本校ではアーリーオフェンスの動きを徹底することにより、オフェンス全員に共通認識を植え付けるようにしています。

もちろん、ディフェンスの対応に応じてオフェンスの動きを変化させますが、まずは最初のきっかけ作りのプレーを試みるようにしています。特にトランジションオフェンスという速い展開での5on5は、素早さが必要になりますし、その中で多くの情報を処理しなければなりません。そのため最初のきっかけ作りのプレーを身につけておくことで、コート上での混乱を抑制することができます。

Step 1

オフェンス5人がベースラインに並び、マッチアップするディフェンスがファウルラインに並んで向かい合います。ネイルのディフェンスがボールを持ち、いずれかのオフェンスにパスを出します。

Step 2

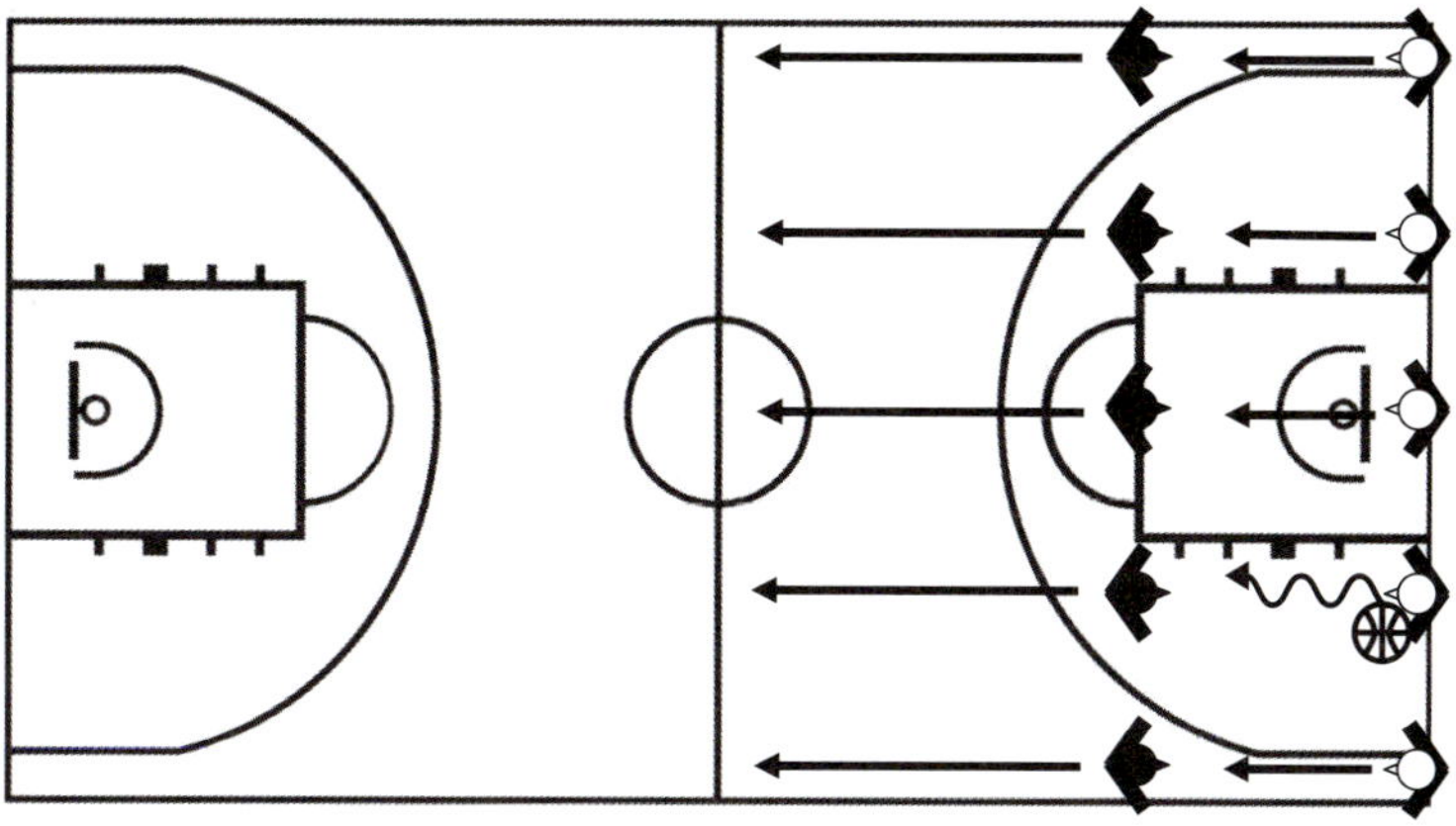

ディフェンスのパスでトランジションの5on5を開始します。まずファストブレイクでの得点を狙いますが、ショットに持ち込めなければアーリーオフェンス、セットへと移行します。ショットの成功、ディフェンスリバウンドの獲得、ディフェンスのスティール、アウトオブバウンズのいずれかで攻守交代。計4回の攻防(2往復)で終了します。

常田 健

K e n T s u n e t a

戦績

中部大学第一高等学校

インターハイ　優勝1回
準優勝1回
3位1回
ウインターカップ　準優勝1回
3位1回
4位1回

主な卒業生

張本天傑、坂本聖芽、宇都直輝、上澤俊喜、中村浩陸、ビリシベ実会、ディクソンJrタリキ、ワンウェイジャ、星野京介、中村拓人 など

PART 6

片峯聡太

福岡大学附属大濠高等学校

1988年福岡県飯塚市出身。田中國明前監督の人柄に魅了され、福岡大大濠高校に進学。ポジションはポイントガードでキャプテンも務める。その後筑波大学へ進学し、卒業と同時に福岡大大濠高校の監督に就任。田中國明前監督が総監督となり、2人での体制で2014年にはインターハイで優勝する。また2021年にはウインターカップで初優勝を果たす。

Sota Katamine

Sota Katamine

01

放任と束縛の中間で接することを日々模索

―指導者としての軸―

人間力を伸ばし競技力も高める

指導者としての信念を一言で表すと、本学の目標でもある人間形成や人間教育を基軸として、私自身もすごくお世話になったバスケットボールを通じてたくさんの学びを得てもらうことです。

ありがたいことに大濠高校バスケットボール部には、競技力の高い選手たちが入学してくれています。彼らに対して「ほどよく厳しく」「ほどよくうまくいかない」といった環境を提供することを心がけています。U12やU15のカテゴリーでの成功体験を積み重ねた選手が多いのが現状です。その一方で、自分自身の失敗やうまくいかないことと向き合えない選手が多いことも感じています。彼らの成功体験は認めつつ、失敗や課題にどのように向き合っていくのか。おべっかや表面だけの「褒める」ではなく、本当にうまくいかない厳しい環境に置き、乗り越えられるような課題を工夫することが私の役割の一つだと考えています。

例えば、4対4でオフェンスを練習していたとします。この状況はオフェンス側にスペースもあるため、選手たちが気持ちよくプレーしやすいですし、成功体験も得られやすくなります。ところがその後5対5の練習をすることでスペースがなくなり、4対4のときのように気持ちよくはプレーできなくなります。そこで起きたエラーに対してどのように対処するのか。また、再び4対4の練習をしたときに気持ちよいだけでなく、5対5のシチュエーションを想定してどのようなプレーができるのか。気持ちよい状態で練習を終えるのではなく、起きたエラーに対して課題を持って練習を終え、次の練習までにどのようにしてエラーを解決するのかを考える。そして次の練習で試してみる。こうしたサイクルが重要だと考えています。

選手たちが何も考えられないくらいのストレスを与

えてしまうと、私の指示を待つだけだったり、怒られないために動いたりするといった状態になってしまいます。これは私が仕掛けている内容や立ち振る舞いに問題があるから起こります。そうならないためには選手たちの表情や行動を見ながら、選手たちとの距離感を常に見計るようにしています。放任しすぎてもだめですし、過度に指導しすぎてもだめです。ほどよい距離感で接することを大切にしています。当たり前のことですが、選手たちは一人ひとり、これまで育ってきたバックボーンも考え方も異なります。そこに対して一辺倒の関わりや指導をしても、彼らのよさを引き出せません。アシスタントコーチと協力し、分担しながら選手たちの個性を潰さないように意識しています。

U18のカテゴリーに限定すると、うちに来てくれる選手たちは競技力が高いほうです。競技力のマックスが10だとすると、7や8くらいの選手たちがほとんどです。例えば競技力が1や2の選手が5や6まで上がることは、意外と一気にたどり着けることがありますし、本人たちも上達を実感できます。ところが競技力が7の子が8、8の子が9というのは、体重100kgの人が99kgになっても気づかないように、成長の実感が非常に難しいと思っています。冒頭で述べたように、私が彼らの成長に期待しているのは「人間力」という部分です。高校3年間で競技力としては、表面上そこまで大きな変化はないかもしれません（今後の上達の土台となる部分は、間違いなく成長しています）。一方で「人」としては、いろいろな場面で表面化するくらいまでの成長を望んでいますし、人間力を上げるための方法を学ぶ力を

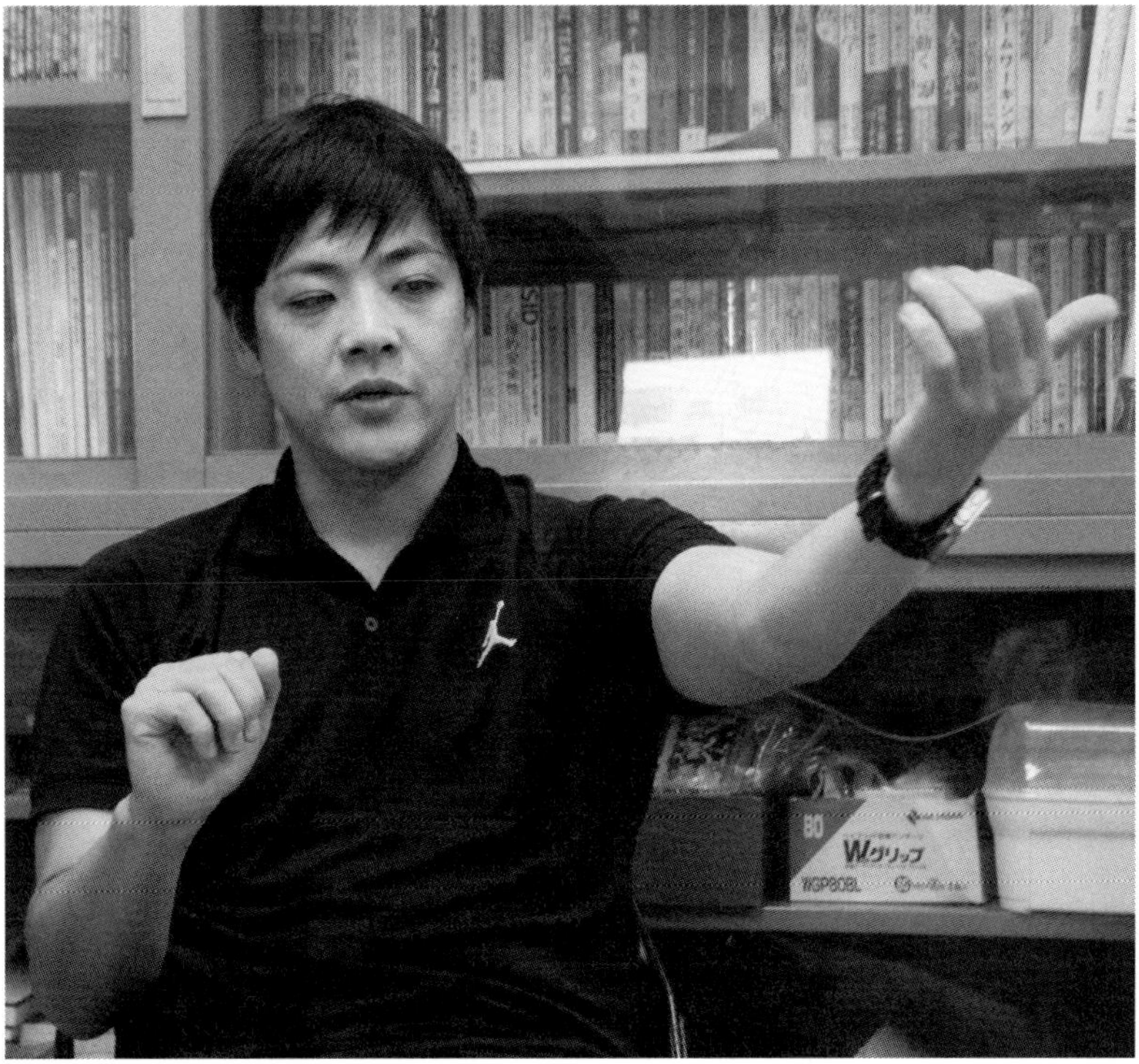

つけてもらいたいと考えています。そのために日々、様々な工夫をしているつもりです。

選手たちはある程度のエゴがあって当然ですし、エゴがあることで上達する側面もあるでしょう。それに加えて大濠での寮生活や学校生活を通じて文武両道を体現し、人間力が上がり、最終的に競技力も上がる。3年間の高校生活を通じた取り組みが、卒業をするまでに花開けばよいと考えています。

選手たちの成長を加速させる指導
―これからの指導テーマ―

アンダーカテゴリーでも世界と戦うメンタルマインドを

大濠では練習前にその日の目標設定を、練習後に練習の振り返りを各自で考える時間を設けています。そこで考えたことをそれぞれのグループ、例えば学年ごとに別れたグループ内で発表し合い、最終的には何人かが全体の前で話すようにしています。選手たちは自宅に戻れば携帯を触る時間もあるでしょうし、バスケットボール以外のことを考えている時間も出てくるでしょう。それは当たり前ですが、1日10分でよいので、1人で考える時間を作ってもらいたいと考えています。「自分の目標は何なのか」「目標に対して自分の立ち位置がどこなのか」「自分の頑張りはどうなのか」など、自問自答する時間が大切だと思っています。この時間で、うまくできなかったことを思い出すのもいいでしょう。逆にできたことを続けようという時間でもいいと思います。自主的に必要だから取り入れたことは、今後の自信につながりますし、自分が成功するための方法論になります。

こうした考え方をするようになったきっかけの一つは、JBAのB級ライセンスの講習会です。その場でバスケットボールを教える以前に「コーチングとはなにか」を学び、コーチングの深みを知ることができました。やり方一つで育成年代の子どもたちの自主性や主体性を加速させることができることも知りました。さらにA級ライセンスを取得するまでに高度なレベルの指導論を教えてもらいました。その頃は私の指導が指示型で選手たちがこちらの顔色を気にしてしまい、私の要望に添って動くのみ、といったようなところがありました。「これではダメだ」と自分の指導スタイルを転換する必要に迫られていたこともあり、よいタイミングだったと思います。

ありがたいことに、現在は日本代表チームにも関わらせていただいています。その活動を通じて、アジアや世界のバスケットボールを間近で見る機会にも恵まれています。私だけでなく、代表に選ばれた選手たちも同様です。選手たちには将来に期待できる成長のきっかけにしてもらいたいと思いますし、私も選手たちの成長を正しい方向につなげられたらと考えています。さらにそれだけでなく、どのように成長を加速させていけるのか、いかにして現状よりもワンランク上の指導やチーム作りができるのかを自分のテーマとしています。現在は海外から来た留学生が増えていますので、彼らとしっかりと戦い、アンダーカテゴリーでも世界で通用する、そして世界と戦うのが当たり前だというメンタルマインドを持った選手を育てたいと思っています。

この場は5年後の種まきの場でもある

―選手たちの未来を見据えて―

身体・考え方・経験を考えると5年は必要になる

大濠を中退してオーストラリアのNBAグローバルアカデミーに入学した川島悠翔もそうですし、キャプテンである湧川裕斗もそうですが、5年後の成長のためにどのような種まきができるかを大切にしています。

例えば渡邉伶音はサイズが206㎝ありますし、他の選手たちが彼とガンガンに競り合うことは今後を考えるとてもありがたいことです。一方で渡邉が今後挑むであろうBリーグや世界を見据えると、自分より縦も横もサイズがある選手がいるわけです。そう考えると彼には3番や4番でペリメーターのゴールにしっかりと向かっていくようなプレーや、シャープなプレーが求められます。ディフェンスも求められます。それをいざそのステージに行ったときにやれといっても遅すぎます。かといって1年や2年でできるようになれと言っても、身体的な問題や考え方（バスケットIQ）の部分で難しいでしょう。さらにやり込んで経験値を積むにしても時間が短すぎます。エビデンスはありませんが、私のなかではこの3つを熟成させるためには最低でも5年という期間が必要だと考えています。それを高校時代から仕込んでいくことで、成長速度を上げる機会を提供できればと思っています。それが先ほど述べた練習中にこちらが「やれ」と言うような指導ではなく、本人たちが「もっとやらなきゃ」と思うような機会を与えてあげるような環境を作ることです。

例えば、選手たちは積極的に海外への遠征やキャンプに参加するのがよいでしょう。同時に私にはそのためのコネクションを構築し、しっかりと後押ししてくれる学校などの体制づくりが求められます。川島のときのように、高いレベルからコールアップがあれば、背中を押して「がんばってこい」と言ってあげられることが大事です。これは能力が高い選手に限ったことではありません。川島や渡邉とまったく同じ選手は出てきませんが、そのレベルと戦う際に必要な戦力になるまでは育てる自信も環境もあります。そのためにメンタルコーチやフィジカルコーチに手伝ってもらっています。脳科学や心理学といった分野からも、選手たちにアプローチをするようにします。

私が成長を妨げるようなことは絶対にあってはなりませんし、そのような指導者にはならない自信もあります。繰り返しになりますが、そのような考えのもとに工夫を重ね、選手たちの成長を加速させたいのです。

求心力や影響力のある選手たちの行動が成長を加速させる
―自主性が生み出すよい循環―

競技者としての成長の機会を同時に考える

本書の取材に先立って、私が不在のときに練習を見てもらう機会がありました。その練習を見た感想として、「コンタクトがえげつない」という言葉をいただいたのですが、これは先日、東海大学の練習を見させていただいたことが影響しているのかもしれません。また、渡邉や高田将吾は、アジア選手権でオーストラリアや中国と試合をする機会を与えてもらいました。彼らはそれを自分の経験として捉えるだけでなく、「どのようにしてチームに還元できるのか」を考えてくれるようになったのでしょう。「チームをこのようにしたい」という私が思い描いているイメージがあります。それに対して渡邉や高田のような、求心力を持った影響力のある選手たちが同じイメージを持ってくれているのでしょう。そして彼らに影響されて、他の選手たちもどんどん成長していくのだと考えています。

私もそうですが、人は弱いものです。弱いから自分よりも能力や学年が下の人間に何かを言いたくなることもありますし、そのような人を見て安心したくなります。それも人間らしいと言えますが、私が目指すのはそのような人間力ではありません。

渡邉や高田といった影響力のある選手たちは、大濠での2時間の練習で何を高めるかがとても試されます。彼らは能力も経験値も高いため、大濠での練習は当たり前にできてしまう部分も多いでしょう。常に全力でプレーすることで疲労骨折など、マイナスの結果になる可能性もあります。力を抜くという表現は語弊があるかもしれませんが、彼らにとっては周りの選手とある程度張り合いながら、余力を自分の成長すべき部分のどこに向けるのかがとても大切です。そしてそれが、彼らがチーム練習に参加する意義・意味だと思います。

私が不在の間、彼らが他の選手たちに分解した動きや判断部分の説明をしていたようです。彼らが余力をどこに向けるのかを体現してくれている一つの例ですし、こうした行動をしてくれることで、チームとしての強度や他の選手たちの成長の加速につながります。

同時に私としては高田をオーストラリアのキャンプに参加できる機会を整え、渡邉をライジングゼファーフクオカさんに特別指定選手として帯同させてもらっています。チームのなかでの彼らの影響力に頼るだけでなく、彼らの競技者としての成長機会を考えることも、指導者である私にとって大事だと考えています。

背伸びをする空間を用意する
―選手たちの個性の見つけ方―

心理的に安全な場を作り役割と責任を与える

選手たちの個性や秀でている部分を見つけるためには、選手たちを背伸びしなければならない環境に置くことが大事だと考えています。簡単に言うと、同レベルのチームだけでなく、より強いチームと練習試合をすることです。居心地のよい空間にばかりいると選手たちは手を抜いたプレーもできるため、「もっとできるのに……」と思ってしまうこともあります。ところが手を抜かず、歯を食いしばり、目の色を変えてプレーする環境に身を置かせることで、選手の実力を見ることができます。持っている能力を把握するためには、このような物差しを持つことが必要です。その環境ですべてが太刀打ちできなければ、すべてが課題になります。「これはできたがこれはできない」という部分が見えたら、その部分が課題になります。課題が見えたら選手一人ひとりとの対話が重要です。チームの人数が多い場合には時間がかかりますが、それでも選手たちと対話する時間を作ることがポイントです。話をするなかで選手たちが納得して受け入れてくれたら、次に向けて実行してくれます。

渡邉を例にすると、チームでの練習は彼にとって居心地のよい空間になるリスクがありました。そこでライジングゼファーさんにお願いをし、週3回の練習をさせていただいています。彼は歯を食いしばって目の色を変えてプレーする必要がある場に身を置くことで、「自分はまだまだだな」「この動きが必要だな」と感じることができます。そして見つけた課題を、大濠での練習時に磨いています。

また選手たちの心理面では、安心安全な環境を作ることを非常に重視しています。ただし心理的な安全性が高いだけではぬるま湯のような空間になるため、チーム内での自分の立ち位置をはっきりさせるようにしています。それは全員に与えている役割です。キャプテンや寮長、各学年代表、○○係など、選手たちにはそれぞれ役割があります。その役割を実行に移しつつ、責任と役割のバランスや強度を調整しながらチームを運営しています。古い考え方かもしれませんが、大濠の選手たちはとてもよい思いをさせてもらう機会が多くあります。そのような機会に対して、感謝の気持ちを忘れたり、当たり前だと思っているように見えたりすることがあります。そのような場合には心理的な安全性を少し下げ、大切なことが何かを思い返せるようにしています。なんだかんだ言って選手たちは高校生ですから、こうした場作りと調整がとても重要になります。

1対1の対話で選手とチームのプラスを探す

―選手との大切な関わり方―

選手にもチームにもプラスになる方向を探す

選手たちとの信頼関係を高め、今後さらにレベルアップしていくためには、選手1人ひとりとの対話が必要だということはすでに述べたとおりです。機会があるごとに行ってもいいと思いますが、私の場合は新入部員であれば春に、新2、3年生であれば冬に行っています。その内容は「Good,Bad,Next」と言っていますが、「今後どのようにしていくのか」「選手たちのやりたいことや考え」が中心です。そして絶対に選手の意見を否定しないようにします。

この1対1の対話で、先日も面白いと感じた出来事がありました。ある得点力のある選手がいます。私のなかで彼の課題は、ディシジョンメイキングを大事にしてグッドプレーを増やしていくことだと思っていました。ところが彼は果敢にプレーするものの、タフショットになるなどゲーム中に潰れることがありました。そこで彼に今後やりたいことを尋ねると「毎試合30点取るプレーヤーになる」とのことでした。「なるほど」と思いました。彼は確かにその発言に値する自主練習もやっていました。当時はもう1人のフォワードの選手が怪我をしていたこともあり、彼は責任という面でもこのような発言をしたのかもしれません。

2月や3月の試合で、彼は確かに30点取る試合がありましたが、そうでない試合もありました。そのような時期を過ごし、彼を使わなくなった時期がありました。その理由は、これからインターハイ予選や本選に向けてチームを作っていく時期に、30点が取れるかもしれないけれど、取れないかもしれない選手を使うことは、チームのバランスが崩れると判断したからです。1対1の対話で、彼にもこのことを伝えました。さらに「ディフェンスがおろそかになることがある」「30点取っても7回ターンオーバーしている」「アシストがついていない」など、気になったプレーについても話をし、「きみのプレーはチームにとってプラスになっているか？」と問いました。3日ほどして、彼が再びやってきました。「今後をどう考える？」と聞くと「30点分の働きができる選手になります」と。そういうことです。10点抑えるために守ったり、5、6本のアシストをするなど、得点を取る以外でチームの役に立つプレーはたくさんあります。この後、彼はこの言葉どおり、試合でとても活躍してくれました。このように1対1の対話で引き出せることがあります。そして選手のやりたいことを否定せず、本人にもチームにもプラスとなるように変化させていくことが大切です。

一流になりたければ一流に聞く
―影響を受けた指導者と学びで大切にしていること―

学びをそのまま真似ず吸収して要点を伝える

私は指導者として、とくに3人の先生から大きな影響を受けました。1人は大濠高校の先代監督であり、恩師である田中國明先生です。精神論かもしれませんが「いかなるときも言い訳をしないこと」「歯を食いしばって負けないメンタリティー」は、田中先生から教わり、私自身にも高校の3年間で備わった要素になります。

2人目は筑波大学バスケットボール部監督の吉田健司先生です。吉田先生からはバスケットボールの理論を学ばせていただきました。吉田先生は口数が多い方ではないのですが、1を聞くと10が返ってくるほどの深い知識をお持ちです。もう少しいろいろなことを聞いておけばよかったと、今では後悔もあります。

3人目はパリ五輪で女子チームの指揮を執った恩塚亨先生です。バスケットボールをわかりやすく体系化した考え方や局面ごとのプレーについて学ぶことができました。この3人の方以外にも多くの指導者や書籍を通じて学んできましたが、バスケットボール自体の捉え方や考え方を参考にさせていただいています。それから、バスケットボールに対する選手としての捉え方と監督としての捉え方の違いにも気づかせてもらいました。特に恩塚先生からの学びは、そのまま選手に伝えると情報量が多くなりすぎます。自分の学びとして多くを吸収しつつ、選手には必要最低限を伝えるといったことにも気をつけるようになりました。

こうした学びの背景には、父から言われ続けてきた「一流になりたければ一流から聞け」が影響しています。セミナーにしてもクリニックにしても、自分が学びたいと感じた方を訪ね、目の当たりにし、その空気を肌で感じることを大切にしています。これは学びを模索している指導者の方々にもおすすめですし、行動を起こすことが重要です。

そして得た知識を消化してチームに伝える際には、そのまま真似ても十分な効果は得られません。まずはチームの現状を分析し、必要な要素を把握すること。そして学んだことを分解し、どのように落とし込んで選手たちに教えていくかを工夫すること。こうしたアプローチをすることで、自ら起こした行動をチームに還元しやすくなります。「誰から何を学ぶのか」「学んだことをどのように伝えるのか」。ここを見誤らないことがとても大切です。

強い個が最後に一枚岩となるチームが理想

―チーム作りの考え方―

強い個たちがまとまるには求心力を持った選手が不可欠

私の考え方は、「自分がこのようなバスケットボールをしたい」ということよりも「預かった選手たちをどのようにして最大限に活かすか」になります。そのためにチームとしてのまとまりや完成度以上に、選手個々の強さを大きくし、最後の最後に強い個をまとめて大きな一枚岩にした組織のイメージを持っています。適度な強さを持った個を線でつなぎ、チームにしていくという考え方もありますが、それではチームに隙間ができてしまいます。それよりも強い個の力で隙間のないチームにしていくことが理想だと考えていますし、そのような選手たちを育てたいのです。

筑波大学に進学した岩下准平がいた頃、下の学年には湧川たちがいて、1年生には川島がいました。U15とU18のバスケットボールには大きな違いがありますが、川島は1年間最大限の努力をし、IQ面やフィジカル面でもチームが求める水準まで個を伸ばしてくれました。そして2年生たちは得点力があるエースとしての力をつけてくれて、岩下たちの求心力でチームが一枚岩にまとまることができました。個の育成を優先すると、個が勝ってしまい、「自分はこれができるぞ」といったプレーに走るリスクもあります。それがこの年は3年生の求心力があったことでまとまり、結果として優勝できたのです。

逆に次の年、マネージャーの野原悠太郎が3年の代ですが、コートにいる選手たちが全員190㎝から2m台で、個の力をしっかりと高めることができたチームでした。193㎝の湧川はポイントガードのような動きもできたよいチームでしたが、勝負になると求心力の部分がコートになく、まとまったチームにやられてしまうことがありました。個の強さがあったものの、チームとして一枚岩にはなりきれなかったのです。この求心力は不思議なもので、チームのリーダーはよい子よりもやんちゃで態度が悪いくらいのほうがよいのかもしれません。バスケットボールは戦う競技ですし、多少ずれているくらいのリーダーが仲間たちに支えられてよい方向に成長したときのほうが、チームとしての飛躍具合は高くなるかもしれません。ここを最優先にすると田中先生から引き継いだ大濠の伝統が一気に崩れてしまうリスクもありますが。先ほどの2つのチームを比べて、どちらがよいのか悪いのかという判断はできません。結果だけを見ると優勝した年のほうがよかったのかもしれませんが、前にも述べたようにこの年代は5年後の種まきの時期でもあります。長い目で見たときに、その答えはかなり後になって表れるのだと思っています。

福大大濠
練習ドリル
01

ワンサイド3on3

大濠は対戦校が用いるアップスクリーンとダウンスクリーンに対するディフェンスを備える必要があります。練習ではアップスクリーンとしてＵＣＬＡカット、ダウンスクリーンとしてピンダウンスクリーンを用い、ディフェンスを磨いています。

ＵＣＬＡカットに対してはユーザーよりも大きくボール側にポジションを取り、ボールサイドカットをさせないようにします（ブラインドサイドカットを促す）。それでもボールサイドカットをしようとしたらバンプをし、常にユーザーよりもボール側のポジションを確保します。ただし、背後から迫るスクリーンの察知が難しくなります。そこでスクリーナーディフェンスがスクリーンに向かったことを声で知らせます。

ピンダウンスクリーンでは、ユーザーディフェンスがスクリーンを察知したタイミングでユーザーに強くコンタクトし、スクリーンを壊そうとします。スクリーンのセットがユーザーディフェンスの視野に入りますが、察知が遅れる可能性があり、そうなるとユーザーがノーマークになります。そこで、ＵＣＬＡカットと同様にコールで向かったことを知らせます。ユーザーディフェンスはコンタクトしてスクリーンを壊そうとしますが、相手のフィジカルが大きく上回る場合は工夫が必要です。スクリーンを壊せずにカールカットをされた場合は、スクリーナーディフェンスがユーザーをバンプして進行を遅らせます。その間にユーザーディフェンスはディフェンスポジションを回復します。

ワンサイドのスロット、ウィング、ローポストにオフェンスが位置し、スロットのオフェンスがボールを持ちます。各オフェンスにディフェンスがマッチアップします。まずはUCLAカットを行います。スロットのプレーヤーからウィングにパスを出します。スロットのオフェンスとマッチアップするディフェンスはボールマンに胸を見せ、腕を大きく広げてスタントします。

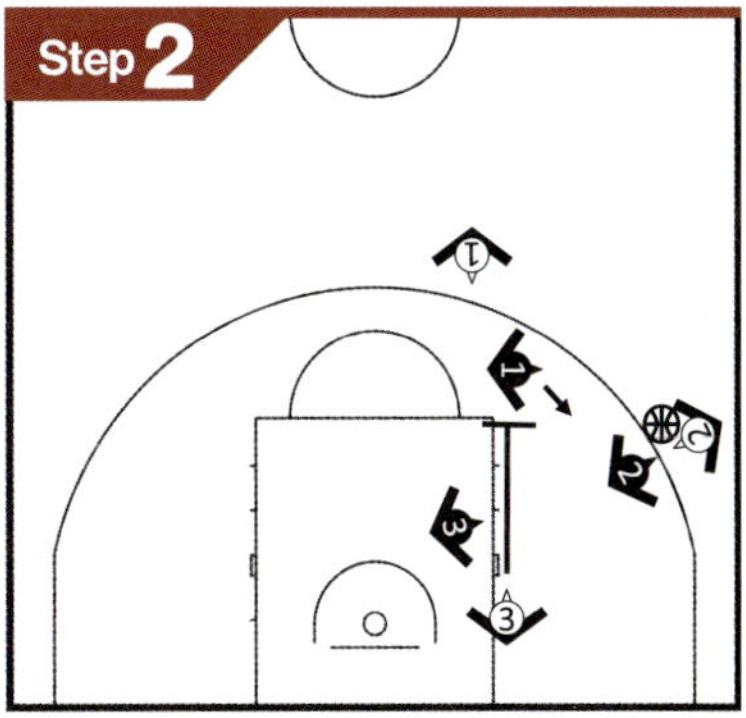

ローポストのオフェンスはスクリーナーになり、スロットのユーザーとマッチアップするディフェンスにスクリーンをセットします。スクリーナーディフェンスはユーザーディフェンスにコールし、スクリーンがセットされることを知らせます。ユーザーディフェンスは、スクリーンのセットを察知したら、ボール側に移動し、ユーザーによるボールサイドカットのコースを潰します。

ユーザーはUCLAカットでローポストへと移動します。

スクリーナーはユーザーがスクリーンを通過した後、スロットに飛び出してウィングのオフェンスからパスを受けます。スクリーナーディフェンスはユーザーディフェンスがディフェンスポジションを回復した後、スクリーナーをディフェンスするポジションに戻ります。これで、UCLAカットの一連の動きが終了します。

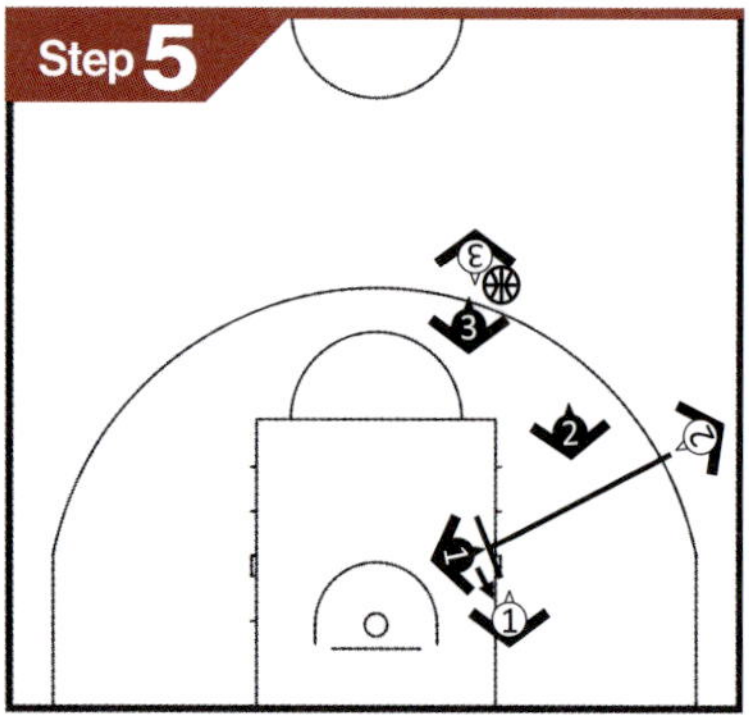

次に、ピンダウンスクリーンの動きが続きます。ウィングのオフェンスがスクリーナーになり、ローポストのユーザーとマッチアップするユーザーディフェンスにスクリーンをセットします。ユーザーディフェンスはスクリーンのセットを察知したら、ユーザーにコンタクトしてスクリーンを壊すことを図ります。

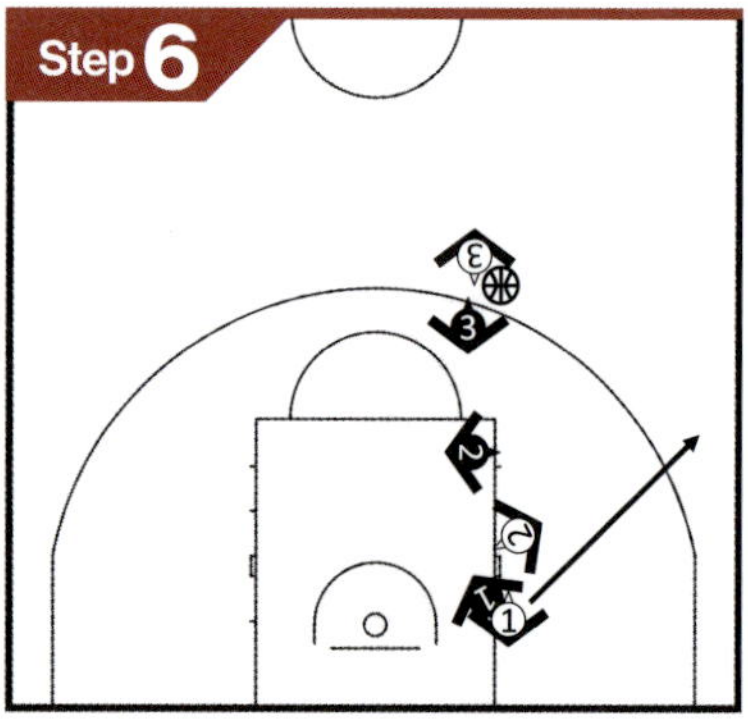

スクリーナーディフェンスはスクリーナーよりもボール側に位置し、スクリーナーをディフェンスしながら、ユーザーによるカールカットに備えます。ユーザーはウィングに飛び出し、スロットのプレーヤーからパスを受けます。

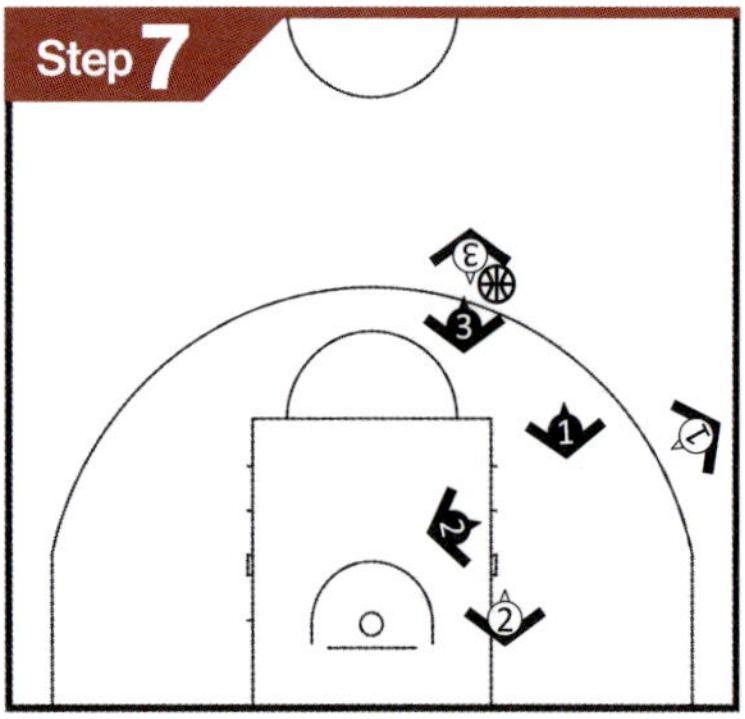

これで、ピンダウンスクリーンの一連の動きが終了します。続けて、再びUCLAカット、ピンダウンスクリーンを2回ずつ繰り返すことにより、3人のディフェンスが全てのポジションのディフェンスを練習します。

日本一
CHAMPIONS
WINTER CUP 2021
福岡県
福岡大学附属
大濠高等学校
福岡県
福岡大学附属
大濠高等学校
U18
U18 NISSIN LEAGUE
2023

福大大濠練習ドリル

02 オールコート1on1

福大大濠の最大のライバルの1校が同県の福岡第一高校です。両校が互いに高め合い、現在のように日本一の座を競い合うチームへと成長しました。全国大会の決勝戦での福岡対決は、多くのバスケットボールファンを魅了してきました。

福岡第一のボールマンディフェンスはボールマンにボールアタックし、オフボールマンとマッチアップするディフェンスはスタントしてボールマンがドライブするスペースを潰します。ボールマンからするとボールマンディフェンスがボールアタックをしてディフェンスの有利性が小さくなっていることから簡単にボールマンディフェンスを抜くことができますが、ボールマンディフェンスの背後にあるスペースが限られている状態になります。そこで大濠では限られたスペースでの1on1の練習を実施しています。福岡第一がボールアタックをすることから、この練習でのボールマンディフェンスは激しくボールにプレッシャーをかけます。また、大濠でもオフボールマンとマッチアップするディフェンスはスタントをするため、ボールマンディフェンスには限られたスペースのなかを1on1で守りきってもらいたいものです。

スペースを制限した1on1の練習では、オフェンスのみならずボールマンディフェンスの向上も図っています。

Step 1

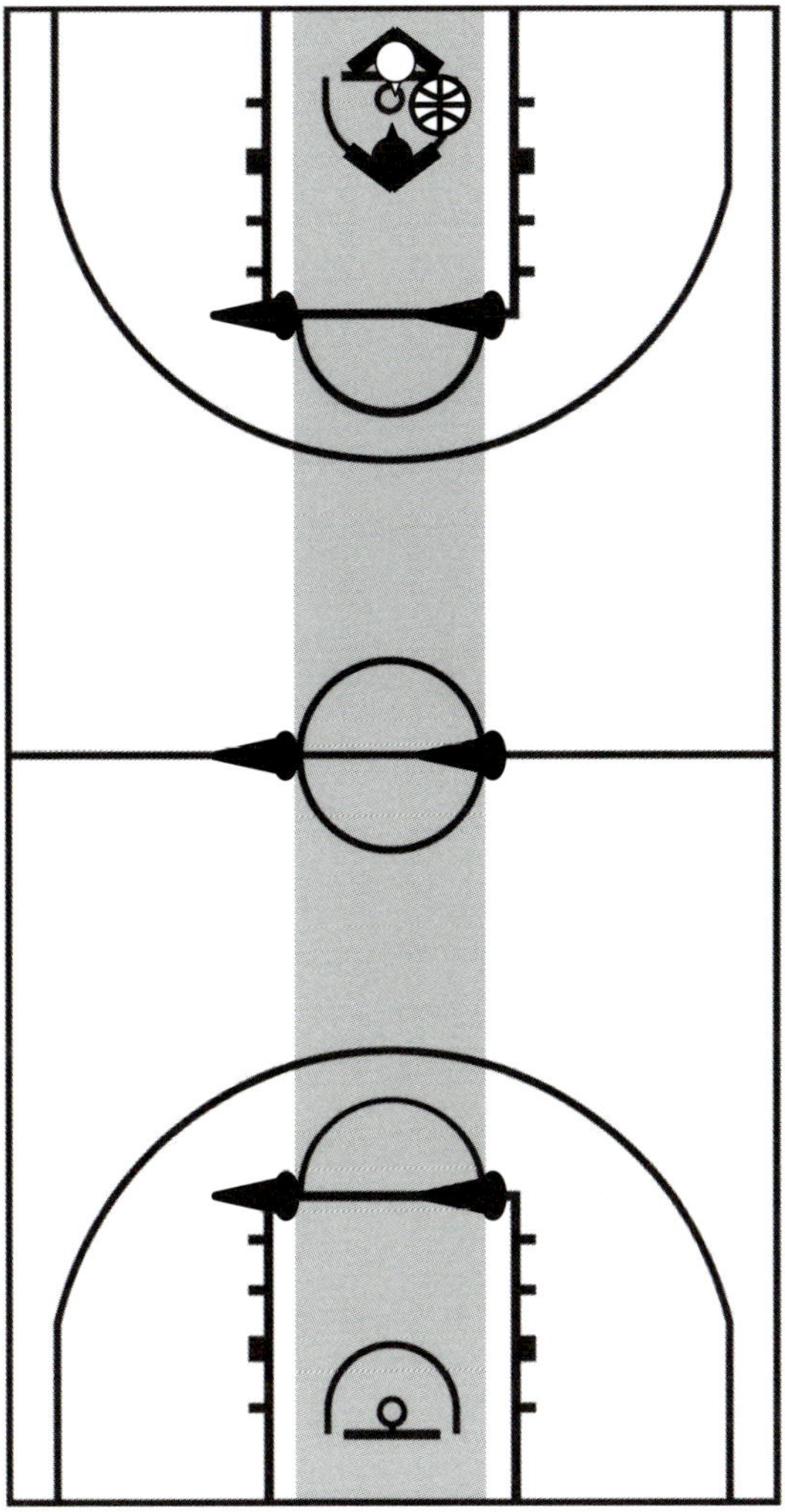

フリースローサークルとフリースローラインが交わる点と、エルボーとの中間点にコーンを設置します。同じ幅でセンターラインにもコーンを設置します。ボールマンがゴール下に立ち、ディフェンスがマッチアップします。ボールマンはコーンで制限されたエリアから出ないように反対側のゴールにアタックします。ディフェンスはプレッシャーをかけ、抜かれないようにします。オフェンスがボールを失った場合には、その場所から再開します。前の組が完全に終わってから次の組がスタートします。

福大大濠
練習ドリル
03

ハーフコート4on3

今日では、ペイントアタックでディフェンスを収縮させ、キックアウトから3ポイントを放つオフェンスが主流になっています。ディフェンス側はローテーションでショットの阻止に努めます。そのためオフェンス側はそれを上回るプレーが求められます。

ペイントアタックすることで、ボールマンディフェンスと最低でももう1人を引きつけることが期待できます。その状態からキックアウトすると、アウトサイドでアウトナンバーの状況になります。パスを受けたオフェンスがディフェンスのローテーションによってマッチアップされていれば、他の味方がノーマークの可能性があります。つまり、パスを受けたオフェンスがコンテストされながら3ポイントショットを放つよりも、よりオープンな味方にボールを渡して3ポイントショットを放ったほうが、成功率が高くなります。

大濠のプレーヤーたちは高い能力を持っていますので、多少コンテストされたとしてもショットを放つことができます。しかし、日本一になるためにはチームとしてより上質なショットを放つことが求められます。そのため、ボールマンに対して自身がショットを放つべきなのか、それとも他のプレーヤーにショットを放たせるかの判断力を追求する練習を取り入れています。

Step 1

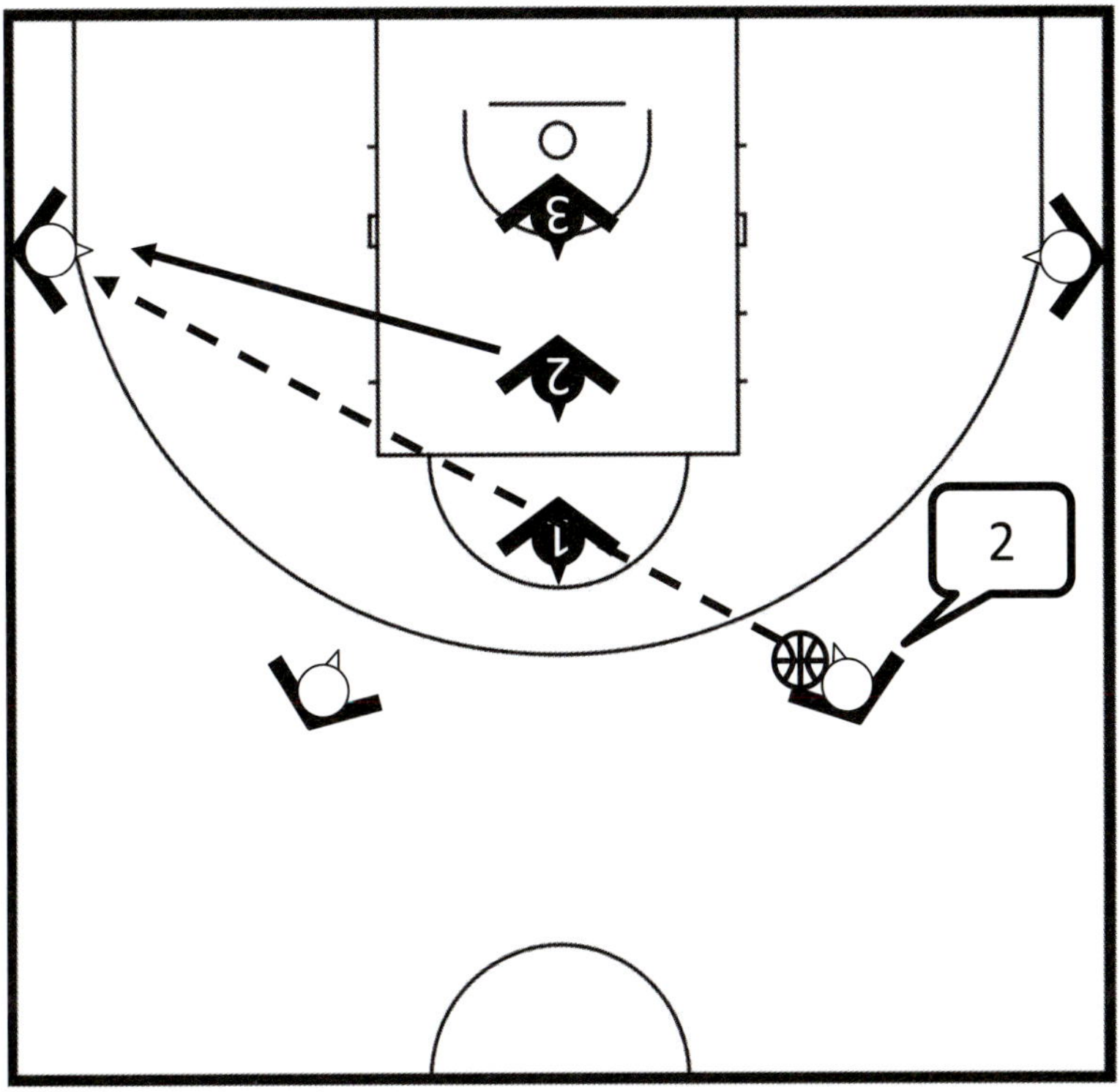

オフェンスは図のように位置し、スロットの１人がボールを持ちます。ディフェンスはミドルラインに並び、センターライン側から番号を振られます。ボールマンはいずれかの番号をコールしながら、任意の味方にパスを出します。番号をコールされたディフェンスはパスを受けたプレーヤーに飛び出します。そしてボールマンディフェンスとなり、4on3をはじめます（※）。ボールマンディフェンス以外のディフェンスは2人で3人をケアしつつ、ドライブも阻止します。ディフェンスはペイント内にボールを侵入させないことと、3ポイントショットを放たせないこと、もしくはショットフォームを大きく崩させようとします。オフェンスはアウトナンバーの状態でゴール付近でのショットかワイドオープンのショットを目指します。

※例えばボールマンが「2」とコールしてパスを出したら、❷がパスを受けたオフェンスにマッチアップします。

片峯聡太

Sota Katamine

戦績

福大大濠高等学校

インターハイ	優勝2回
	3位2回
ウインターカップ	優勝1回
	準優勝4回
	3位1回
	4位1回
U18トップリーグ	優勝1回

主な卒業生

山下泰弘、寒竹隼人、堤啓士朗、橋本竜馬、金丸晃輔、長谷川智伸、大塚勇人、青木保憲、杉浦佑成、葛原大智、津山尚大、野口夏来、中村太地、牧隼利、増田啓介 など

おわりに

コーチの周りにはプレーヤーや家族、友達がいて、プロの現場では他のスタッフ、部活動の先生ではあれば同僚の先生や上司、他の部活動を指導するコーチなどもいることでしょう。コーチの周りには多くの支援者がいるのです。しかしながら、コーチは時として孤独を感じてしまうものです。誰にも相談せず、プレッシャーに押しつぶされそうになり、結果として誤った行動をとってしまうコーチもいます。

熟達したコーチであれば、コーチング哲学が明確になっているため、危機的状況に陥ったとしても自身のコーチング哲学に立ち返り、適切な行動を選択することができます。一方、若い未熟なコーチの場合は、コーチング哲学が明確になっていないことがあるため、誤った行動をとってしまう可能性があります。

本書のインタビューにおいてコーチ達は、若い未熟な時期についても語ってくれました。もちろん、名将と呼ばれるコーチ達にも若くて未熟な時期があったのです。しかし、本書でも確認できるように、彼らには相談できるメンターがいました。それは、同じ地区のコーチであったり、憧れのコーチであったり、海外のコーチあったりと様々です。いずれにしても、名将と呼ばれるコーチ達には自身が困難に陥ったときに、相談できる、頼れるメンターがいたのです。また、彼らはもれなくメンターと出会う前に大きな行動を起こしています。

さて、読者の皆さんにはメンターがいるでしょうか。すべてのコーチが悩みごとを持っています。そして、コーチは1人で抱え込む必要はなく、誰かに相談してよいのです。頼ってよいのです。どうか、1人で悩まずにご自身のメンターとなる人物を探し、行動してください。その行動がきっと皆さんのコーチ人生をより豊かなものにしてくれることは、本書に登場いただいたコーチ陣が示してくれています。

プレーヤーはもちろんのことコーチや他の関係者も豊かなバスケットボール界になっていくことを期待して筆を置くこととします。

流通経済大学准教授　小谷 究

著者プロフィール

小谷 究（こたに・きわむ）

1980年石川県生まれ。流通経済大学スポーツ健康科学部スポーツコミュニケーション学科准教授。日本バスケットボール学会理事。日本バスケットボール殿堂『JapanBasketball Hall of Fame』事務局。日本体育大学大学院博士後期課程を経て博士（体育科学）となる。主な著書に『バスケットボール解析図鑑』（イースト・プレス）、『「次はどう動く?」バスケットボール脳を鍛えるプレー問題集』（辰巳出版）、『バスケットボール 勝つための最新セットプレー88』（エクシア出版）、『最新科学が教える　バスケットボールのオフェンスメソッド』（日東書院）などがある。

●編集

佐藤 紀隆（株式会社Ski-est）
稲見 紫織（株式会社Ski-est）
http://www.ski-est.com/

●デザイン

三國 創市（株式会社多聞堂）

●制作協力

関根加琳（流通経済大学スポーツコミュニケーション学科RKU BASKETBALL LAB“バスラボ”）

高校バスケットボール
強豪校の育成メソッド
選手の可能性を引き出す練習法と指導術

2025年1月22日　第1刷発行

著　者　小谷 究

発行人　永田 和泉
発行所　株式会社イースト・プレス
〒101-0051
東京都千代田区神田神保町2-4-7 久月神田ビル
Tel.03-5213-4700 ／ Fax.03-5213-4701
https://www.eastpress.co.jp

印刷所　中央精版印刷株式会社

ISBN978-4-7816-2422-8